中国高校教师绩效评价研究

陈　星◎著

文化发展出版社
Cultural Development Press
·北京·

图书在版编目（CIP）数据

中国高校教师绩效评价研究 / 陈星著 . — 北京 ：文化发展出版社，2023.12

ISBN 978-7-5142-4208-9

Ⅰ . ①中… Ⅱ . ①陈… Ⅲ . ①高等学校－教师评价－研究－中国 Ⅳ . ① G645.11

中国国家版本馆 CIP 数据核字 (2024) 第 004233 号

中国高校教师绩效评价研究

陈　星　著

出 版 人：宋　娜

责任编辑：侯　娜　　　　责任校对：岳智勇

责任印制：邓辉明　　　　封面设计：守正文化

出版发行：文化发展出版社（北京市翠微路 2 号 邮编：100036）

网　　址：www.wenhuafazhan.com

经　　销：全国新华书店

印　　刷：天津和萱印刷有限公司

开　　本：710mm × 1000mm　1/16

字　　数：220 千字

印　　张：12.25

版　　次：2024 年 3 月第 1 版

印　　次：2024 年 3 月第 1 次印刷

定　　价：72.00 元

I S B N：978-7-5142-4208-9

作者简介

陈　星，出生于1984年08月，籍贯为江苏盐城。工程硕士，助理研究员。毕业于苏州大学，现任职于苏州大学。主要研究方向为高校行政管理、高校教育管理。主持并参与多部课题，发表多篇论文。

前　言

人才是影响一个国家的经济发展水平和社会发展水平的重要因素之一，人才强国战略是写进党章的国家战略。如何发现人才、留住人才、引进人才和科学合理地利用人才是现代人力资源开发和管理工作的重要内容。如何培养并向社会输出高素质、高水平、高质量的人才是各大高校的核心任务。某种程度上，高校的发展和教育水平直接影响一个国家在科技、文化、政治等领域的发展。绩效评价是特定条件下对设定目标完成程度的反馈和体现。高校教师的绩效评价需要将国家和社会对教师的要求进行指标量化，并结合岗位职责和社会责任制定出科学合理的指标评价体系，考核者根据评价体系内容收集材料，综合考虑可能影响教师工作质量的各种因素，并对其进行分析、判断和控制，以保证目标任务的完成。对高校教师来说，绩效评价更注重工作过程中反映出的问题，对其进行分析、解决，以不断完善教学方法，提高教学质量，提升教学水平，促进教育事业发展。

本书共分七章，第一章对高校教师绩效评价的理论进行了概述，包括绩效管理理论、人力资源管理理论、高校教师发展理论以及增值评价理论；第二章主要介绍教师绩效评价的角色和作用，包括各评价主体的角色和作用以及评价主体间的关系及协调；第三章内容为各类课程教师绩效评价研究，主要为艺术类课程教师绩效评价、在线课程教师绩效评价以及跨学科研究与教师绩效评价；第四章主要围绕国内外高校教师绩效评价制度展开，包括国外高校教师的绩效评价制度和中国高校教师绩效评价制度分析；第五章内容为高校教师教学绩效评价模式分析，具体包括我国高校教师绩效评价模式的构建和360度绩效考评法的适用性；第六章是中国高校教师绩效评价存在的问题，包括宏观、中观、微观层面的问题分析以及传统评价的工具理性与学生发展价值性之间的矛盾；第七章是高校教师绩效评价的优化对策，具体的对策有重视绩效评价的目的、落实教学绩效评价新模式、提高学生评教的价值、发挥教学绩效评价的双重作用。

在撰写本书的过程中，笔者得到了许多专家学者的帮助和指导，参考了大量的学术文献，在此表示真诚的感谢。但由于笔者水平有限，书中难免会有疏漏之处，希望广大同行及时指正。

陈星

2023 年 4 月

目 录

第一章　高校教师绩效评价的理论概述

本章为高校教师绩效评价的理论概述，主要介绍了绩效管理理论、人力资源管理理论、高校教师发展理论以及增值评价理论这四部分的内容。

第一节　绩效管理理论

绩效(performance)的概念可以追溯到我国古代的官员选用制度，《后汉书·荀彧传》中有“原其绩效，足享高爵”，即考察官员的绩效看其是否足以担任高的官职；《旧唐书·夏侯孜传》中有“录其绩效，擢处钧衡”，即把一个官吏的绩效记录存档，根据其优劣来提拔到合适的官位。由此看出，古代官吏的任用和升迁都需要进行绩效考核。而当今社会中，绩效更因其重要的现实意义而普遍受到关注。

关于绩效的定义，不同的研究视角有着不同的理解。从字面上看，“绩”是指业绩，是组织成员的工作结果；“效”是指效率，是组织成员的工作过程。因此，一般意义上的绩效是业绩和效率的统称，包括活动过程的效率和活动过程的结果两层含义，可以用如下公式表示：

绩效＝实际结果＋过程（取得潜在优秀业绩的行为与素质）绩效＝做了什么（实际结果）＋能做什么（预期结果）

当前国外学者对“绩效”概念内含的界定主要有两种主流观点。其中一种观点是从结果的角度将绩效定义为在一定范围、职能或内容等特定条件下所产出的结果记录，代表人物为伯纳丁、贝蒂。概言之，绩效就是结果和产出。另一种观点认为，绩效是行为和过程，是从行为角度将绩效定义为一套与个人所在组织或小组目标相关的行为。代表人物为Murphy。

“绩效”一词通常被用于商业或者工业领域，属于管理学理论中的一个概念。

但随着教育领域对教育质量的不断关注，人们开始将其应用于私营部门，尤其是将商业和工业领域的管理理论应用于教育领域，以促进教育的发展。因此，研究教师绩效评价需要从教育研究领域之外寻求理论支撑，可以从绩效管理理论、人力资源管理理论等管理学理论中寻求理论依据。以这些理论为基础，研究目前大学教师绩效评价的发展现状和存在的问题以及如何制订切实有效的方案，开展高校教师绩效评价。因此，绩效管理理论、人力资源管理理论等相关管理学理论对高校教师绩效评价具有重要的理论和现实意义。此外，与教师发展相关的理论，也为教师绩效评价提供了理论基础，促使大学在制定教师绩效评价制度时，能够有明确的目标，实现以人为本的教师绩效评价制度。

1976 年，毕尔和鲁赫提出绩效管理制度（performance management system）这个概念，并将其作为企业管理、衡量、改进绩效并且增强员工发展潜力的重要制度。20 世纪 80 年代，绩效管理理论在企业界被广泛采纳，成为企业管理的重要理论支撑。阿吉斯认为，绩效管理是指识别、衡量以及发展个人和团体绩效，并使这些绩效与企业战略目标保持一致的一个持续过程。这一概念强调绩效管理的整体性和全局性，强调绩效管理要与组织目标保持一致，追求企业绩效和员工绩效的持续提高。此外，还有很多学者总结了绩效管理的定义，从管理所涉及的对象来看，主要从三个方面进行界定：第一，绩效管理是管理组织绩效的一种体系。这种观点将绩效管理视为一个由计划、改进和考察构成的过程，重点在于确定组织战略并加以实施。持这种观点的有罗杰斯和布雷德拉普。罗杰斯在研究地方政府绩效管理时，提出了绩效管理系统一般会历经有三个过程：制定共同的政策、资源目标以及相应的方针；建立一整套计划、预算、目标和绩效标准；定期、系统地检查各项工作。布雷德拉普则提出了一个包括计划、改善和检查的模型。第二，绩效管理是管理雇员绩效的一种体系。这种观点强调管理者和被管理者应在雇员的期望值上达成一致。持这一观点的代表人物有安斯沃斯和史密斯。他们提出了一个包括绩效计划、绩效评估和反馈三个步骤循环的模型。奎因也提出了一个三步模型：计划、管理和评估。第三，绩效管理是把对组织的管理和对雇员的管理结合在一起的一种体系。这种观点是上述两种观点的综合，强调通过绩效管理把每一位雇员或管理者的工作与组织的整体使命联系在一起。阿吉斯的定义属于第三种观点，强调将对组织的管理和对雇员的管理相结合，并将管理视为一个动态完整的过程，强调管理者和员工之间的协商与沟通，旨在调动双方的主动性与积极性，从而实现提高组织绩效的目标。

绩效管理是在绩效评估或者绩效考核（performance appraisal）的基础上发展而来的。绩效管理理论汲取了绩效考核的合理因素和已有成果，并将组织战略和员工的持续发展作为重要基础。早期对绩效评估这一概念的理解是对员工个人在职的绩效和行为作出评估的过程，其目的在于评估其培训需求，确定合格的留任者，进行薪水调整以及晋升。随着人们对于绩效评估在实际操作中存在的问题认识不断加深，绩效评估被认为是企业通过对部门、员工或所属单位与个体的投入产出状况进行考察、衡量或比较，从而确定其行为价值、提高企业竞争力的一个重要过程。绩效评估一方面能够对员工进行评判和评价，使其作为员工晋升和薪资决策的重要依据；另一方面还能够通过评估，促进员工通过学习，提高绩效。

绩效评估对促进管理的科学化发挥了重要作用，也由此发展形成了多种评估方法和工具。但随着绩效评估的发展，其片面性和工具性的弊端也日益凸显。列文森认为，多数正在运用的绩效评估系统都有许多不足之处，这一点已得到广泛的认可。绩效评估带有评价者一定的主观意识，甚至有些武断；无法对考核者进行横向评定对比；对评估结果的延迟反馈会使部分员工产生挫败感，也会对之前工作的判断失误而感到恼火。

基于绩效评估存在的上述问题，阿吉斯认为，要准确把握绩效管理的概念，应该对绩效管理和绩效评估进行区分。他认为，仅仅是对员工进行一年一度的评估，并通过提供反馈和指导以提高绩效的制度，并不是真正的绩效管理制度。绩效评估只是对员工优势和缺点的系统描述，它只是绩效管理的组成部分，而绩效管理则是一个更为宽泛的概念，不仅仅是对绩效的测量。由此，我们可以发现，绩效管理不是独立的管理活动，而是由绩效计划、绩效实施和管理、绩效评价和绩效反馈构成的一个系统，是一个动态持续的过程。因此，绩效管理强调目标设定的重要性，是一种目标导向的管理理论和方法，要求每一个员工的行动都要与整个企业的总战略目标相一致，每一位员工和管理者都要明确努力的目标，使自己的行动服务于企业的整体战略规划，旨在实现组织战略目标和提升组织的核心竞争力。此外，绩效管理还强调以企业中的员工和管理人员为核心，强调各方的沟通与协商，在充分关注员工切身利益和个体发展的基础上，统筹安排，全面系统地推进总体目标的实现。具体来说，绩效管理具有以下特点。

（1）绩效管理的思想精髓是“战略导向”，是战略管理的工具，是实现组织战略目标的主要载体和杠杆。

（2）绩效管理的基本理念是“以人为本”，不是针对员工的奖惩制度，是为了改进组织与员工个体的绩效，从而促进企业与员工的共同发展。

（3）绩效管理的设计原则是“双向互动”，强调所有人员的参与和协商。

（4）绩效管理的实现形式是“绩效沟通”，是一个不断沟通的持续过程。

（5）绩效管理的最终结果是“发展提高”，目的在于提高组织的核心竞争力，促进并提高员工和组织发展。

（6）绩效管理具有“绩效导向”。但这里的绩效概念既包括结果或产出，也包括行为或过程，更包括对战略目标的把握和理解。

总之，绩效管理是一种全方位的管理理念，是一个有明确目标的、完整的、由全员参与的、持续的动态系统，是人力资源管理系统的核心。

在20世纪80年代后期和20世纪90年代早期，随着人们对绩效管理理论和实践研究的重视，绩效管理逐渐成为一个被广泛认可的人力资源管理过程。通过对绩效考核和绩效管理理论的梳理，我们可以认为，将绩效考核以及绩效管理理论应用于高校教师绩效评价具有其可操作性的一面，是进行教师绩效评价工作的理论基础之一。通过应用原生于企业和组织管理的绩效考核和绩效管理理论，对于科学合理地评价大学教师绩效具有一定的指导意义。但同时也应看到，大学作为一种特殊的学术组织，具有其独特性及其特殊的使命，而大学教师作为专业人员，其工作性质也不同于企业的员工。卡瑞认为，由于高校具有独特的文化，其教师绩效评价必须建立在以下这些假设之上。

（1）教师的独立性和自我主导性与院校的愿景和大目标保持一致。

（2）教师有对参与院校治理的期望。

（3）评价过程和程序的公正。

（4）整个制度需要有法律保证。

为此，大学教师绩效评价应由以下6个部分组成。

（1）院校有明确的目标、愿景和价值观。

（2）公平的工作量及绩效标准的建立。

（3）基于年度评审的教师职业发展计划。

（4）教师自我评价的年度活动报告。

（5）同行评审委员会对教师绩效的评价。

（6）绩效评价反馈体系和书面评审。

因此，将发生于企业运作中的管理学理论应用于大学教师绩效评价过程中，应充分关照大学作为学术机构的特殊性以及大学教师工作性质的特殊性，制定切实可行的评价制度，进行科学有效的教师绩效评价工作，以充分发挥教师的创造性和积极性，提高大学总体教学科研水平，培养具有创造性的学生，实现科学创新和学术创新。

第二节　人力资源管理理论

绩效管理理论是人力资源管理理论的重要组成部分，而起源于企业的人力资源管理理论在长期的企业管理实践中已经形成了一套成熟有效的人力资源管理的理论体系和具体方法。大学作为一种学术组织，虽然自身具有不同于企业的特性，但和企业一样，具有组织的相同特点。将源于企业的人力资源管理理论和方法借鉴到大学的人力资源管理过程之中，是提高大学人力资源管理水平，提高大学创新能力的重要途径。将人力资源管理理论应用于大学人力资源管理，有利于提高大学教师质量，有利于提高中国大学的总体水平。在推行教师绩效管理的过程中，将人力资源管理理论应用于教师绩效评价制度的制定和执行过程中，有利于形成科学有效的绩效评价机制，促进高等教育总体水平的提高。

目前所理解的“人力资源（Human Resource，HR）”的概念，于1954年在《管理实践》这本著作中被首次提出并给予了明确的定义，作者彼得·德鲁克认为，人力资源是一种必须通过有效激励手段才能得到最大程度开发和利用的特殊资源，人力资源只有被不断地开发利用才能为企业带来持续的经济价值。随着研究的不断深入，人力资源的概念也被赋予了很多不同的含义和解释，根据研究的角度不同，主要可以从能力、人员自身两个层面来理解人力资源的含义。

从能力角度来说，人力资源的含义可以理解为以下四种。

第一，人力资源是处在劳动年龄的劳动者的能力，能够直接或间接推动经济和社会发展，与劳动者是否投入建设无关。

第二，人力资源可以理解为是人类在生产产品或提供服务的过程中所运用的各类知识、技能和能力。

第三，人力资源是人体内的所具备的一种特殊的内在生产能力，具体表现在劳动者自身并以劳动者的数量和质量作为外在表现形式，是企业经营活动中最积极活跃也是最重要的生产要素之一，直接影响着经济价值。

第四，人力资源是劳动者在劳动过程中所投入的体力、智力和心力的总和，及其在劳动过程中所形成的包括经验、品质、态度、心性、知识、专业技能等在内的基础素质。

从人员自身角度来说，人力资源的含义可以解释为以下四种。

第一，可以将人力资源理解为在某一特定的社会区域内达到劳动年龄且具备劳动能力的所有劳动人口总和。

第二，人力资源是能够直接或间接为组织提供服务的人员以及为企业实现创收的人员的总和，这里指的人员既包括企业的内部工作人员也包含外部的客户等人员。

第三，人力资源可以理解为所有为推动经济和社会发展的具备智力和体力劳动能力的人员的总称。

第四，人力资源是人所拥有的“共性化”“个性化”“情绪化”三大要素的有机结合。这里所说的“共性化”指知识、经验、健康等，“个性化”指人的三观、个性、爱好等；“情绪化”指努力、情感、情绪等。

我们认为，所谓人力资源，是指在一定范围内能够为社会创造物质财富和精神财富，具有体力劳动和脑力劳动能力的人口的总和。

对人力资源概念的理解，需要从以下 3 个方面来把握。

（1）这里的“一定范围”可以大到一个国家和地区，即宏观角度的人力资源；也可以小到一个组织，即微观角度的人力资源。

（2）人力资源的实质是要能为社会创造物质财富和精神财富。

（3）人力资源表现为具有劳动能力的人口的总和。不仅包括体力劳动能力，还包括脑力劳动能力，这是人类所独有的，并以人体为其存在的载体。

一、人力资源的特点

人力资源作为资源的一种，除了具备与其他资源相同的共性特点，还具有以下六点特殊性。

（一）人力资源具有能动性

人力资源的能动性是区别于其他资源的本质特性，也是人力资源的核心和根本。主要表现在以下四方面，一是人力资源为了实现既定目标而在主观上进行的有意识、有目的且自觉地进行社会生产活动。二是人力资源可以调度自身的体能、智力、知识和技能，利用物质资料生产预期产品，这是人力资源能动性的主要方面。三是人力资源能够依据客观条件，按照自己的意愿择业，合理设计职业生涯。四是人力资源的能动性还表现在能有意识地不断自我开发、自我强化、自我提高与自我发展，从而提高自身的能力。

（二）人力资源具有时效性

人力资源是存在于人体内，并以人的体力、脑力和技能为表现形式的一种特殊资源，这种特殊资源的形成、开发和利用都会受生命周期的约束。生命周期的不同阶段所表现出的人力资源水平也不同，人在处于生长发育时期时，体力和脑力的发展水平无法创造价值，所以此阶段不能称为人力资源；人在进入成年期后，体力和脑力已经发展到可以通过劳动来实现价值的水平，这个时期要求组织能够充分使用，否则会导致人力资源的浪费，影响组织工作的绩效及发展目标；进入老年期后，人力资源的产出量会随人的体力与精力的下降而逐渐下降，甚至完全不具备劳动能力，此时也就不再属于人力资源。生命周期与人力资源之间特殊的“U”形关系是人力资源具有时效性的本质原因。这就要求人力资源部门对人力资源必须做到适时开发、及时利用，最大限度地保证人力资源的产出。

（三）人力资源具有增值性

人力资源与自然资源相比具有明显的增值性。一般来说，自然资源是不会增值的；人力资源在开发使用过程中，人的知识、经验和技能会因为不断地使用而变得更有价值。当然，对个体而言，这种增值是有一定限度的。人力资源可以源源不断地创造财富，成为价值的源泉。

（四）人力资源具有社会性

除了自身因素，政治、经济、文化、教育、社会等外在因素都会在一定程度上影响和制约着人力资源的形成和发展。这也是人力资源具有社会属性的根本原因。

（五）人力资源具有可变性

人力资源在使用过程中其发挥作用的程度具有一定的可变性。一方面，人力资源发挥程度受到外界环境因素的影响，当环境有利或适宜时，人力资源发挥作用就会较大；当环境不利或不宜的时候，其发挥作用就会较小。另一方面，即使处于相同的外界环境，人力资源所创造的价值也会随着心理和精神状态等内在因素的不同而发生变化。

（六）人力资源具有再生性

人力资源是一种再生资源，能够实现自我补偿、自我更新，具有可持续性的特点，人的体能与知识技能都是可以再生的。保证这种再生过程的顺利进行，有利于人力资源的开发和利用。

二、人力资源和人力资本

人力资本是通过对人力资源进行教育、培训和卫生保健等方面的投资而形成的资本，它凝结于劳动者身上，体现在知识、技能与健康等方面。人力资本理论的创始人是美国芝加哥大学的教授西奥多·舒尔茨，他在1960年出任美国经济学会会长时，发表了“人力资本投资”的就职演说。他认为“人口质量和知识投资在很大程度上决定了人类未来的前景”，因为现实中存在很多传统经济理论无法解释的经济增长问题，他也在演说中明确表示人力资本能够直接促进国民经济增长。当代经济学家普遍接受了舒尔茨的观点。

人力资源和人力资本是既有联系又有区别的两个概念。

人力资源与人力资本有着密切的联系。从研究对象上讲，二者都是研究人所具有的脑力和体力及其在社会经济活动中的作用与规律；从理论渊源上讲，人力资源理论大都是以人力资本理论为根据的，人力资源经济活动及其收益的核算是基于人力资本理论进行的；从活动过程角度来说，人力资源的开发是人力资本的投资的外在表现，人力资本是对人力资源投资所产生的结果。

人力资源与人力资本就其内含和本质而言，具有明显的区别。人力资源是针对经济管理和经济运营来说的；而人力资本是针对经济增值和经济贡献来说的。具体来讲，人力资源与人力资本的区别表现在以下三个方面。

首先，二者概念上的差异。人力资源可分为自然性人力资源、资本性人力资源两种。自然性是人力资源的基本属性，自然性人力资源可以理解为遗传素质与个体从未以任何形式进行开发和利用；反之，资本性人力资源则是经过教育、培训等投资而形成的人力资源。人力资本可以理解为体现在劳动者身上的具有能够创造经济价值的知识、技能等资本性人力资源，也就是说，人力资本是人力资源的一部分。

其次，二者看待问题的角度和关注的重点不同。人力资本更加关注收益，投资能够实现创收，收益是多少，投入和收回的比值是多少，是从成本收益的角度对劳动者在经济增长中所起到的作用进行研究，因为人力资本是物质资本在劳动者身上所体现的价值。而人力资源则是将劳动者作为财务的源头来对待，是从投入产出的角度对劳动者在经济增长中所起到的作用进行研究，侧重点倾向于产出问题，对经济发展的贡献和对经济发展的推动力呈正相关。

最后，二者计量形式上有差异。人力资源反映的是存量上的问题，而人力资本既可以反映存量问题也可以反映流量问题。人力资源是在特定条件下劳动者所具有的能够创造收益且被企业所开发利用的体力和脑力之和。对于人力资本来说，劳动者经验的积累、技能的增进、体能和智力的消耗以及产出量的变化等，从生产活动层面来看，属于流量问题；另一方面，人力资本是人力资源投资所产生的结果，从投资层面来看，属于存量概念。

三、人力资源管理的含义

人力资源的概念被正式提出和认可后，1958 年，怀特·巴克首次将人力资源管理作为常规管理工作对其进行论述。随着人力资源管理理论研究的不断深入和人力资源管理实践的不断发展，国内外各学者从不同的角度分析定义人力资源管理，并形成不同的流派，总体来讲大致可以分为以下五类。

第一，从人力资源管理的目的来看，可以将其理解为是通过对人力资源进行管理最终实现组织的目标任务。

（1）人力资源管理是运用各类技术和手段，科学有效地对人力资源加以利用进而实现组织的目标任务。

（2）人力资源管理是以管理为媒介将人力资源加以利用进而实现组织的目标任务。

（3）人力资源管理就是通过对人力资源的开发利用进而实现组织目标。

第二，从管理的过程和承担的岗位职能来看，人资源管理就是一类管理活动过程的总体概括。

（1）人力资源管理的岗位职能是负责进行人员发现、选拔、训练以及薪资等各功能的活动，以实现人员与组织的目标任务。

（2）人力资源管理是对人员的全过程管理，包括招聘、取用、培训、调动、岗位升降直到退休的整个工作生命周期。

（3）人力资源管理负责对人力资源活动进行计划、组织、指挥和协调。

（4）人力资源管理是各组织发现、获取、开发、保留和运用以及发展人力资源的全部管理过程和活动。

第三，诠释人力资源管理的实体，其是与人有关的全部管理制度和管理政策等。

（1）人力资源管理是对人力资源进行有效开发、合理配置、充分利用和科学管理的制度、法令、程序和方法的总和。

（2）人力资源管理是专门针对员工所制定的管理决策和实践活动。

（3）人力资源管理包含了组织内所有会对企业和员工之间关系的性质产生影响的全部管理决策和行为。

（4）人力资源管理同时包含了政策、制度、管理实践，这些内容可以对企业内员工的行为、态度和绩效薪资产生直接影响。

（5）人力资源管理是从组织和个人发展的需求出发，制定科学合理的管理机制和流程，并运用一定的科学技术，对人力资源进行深入、充分、有效地开发，高效利用以及科学管理的全过程。

第四，从人力资源管理的主体来理解，人力资源管理是人力资源部门或人力资源管理者的工作内容，可以理解为专职的人员做专职的工作。

第五，从人力资源管理的出发点、管理过程等角度对其进行诠释。

（1）人力资源开发与管理指运用现代化的科学方法，对于一定物力相结合的人力进行合理的培训、组织与调配，使人力、物力常保持最佳比例，同时对人的思想、心理和行为进行恰当的引导、控制和协调，充分发挥人的主观能动性，使人尽其才、事得其人、人事相宜，以实现组织目标。

（2）人力资源管理是对人力资源的取得、开发、保持和利用等方面所进行的计划、组织、指挥和控制的活动，是通过协调社会劳动组织中的人与事的关系和共事人的关系，以充分开发人力资源，挖掘人的潜力，调动人的积极性，提高工作效率，实现组织目标的理论、方法、工具与技术。

（3）人力资源管理是从组织和个人发展的需求出发，制定科学合理的管理机制和流程，并运用一定的科学技术，对人力资源进行深入、充分、有效的开发，高效利用以及科学管理的全过程。

（4）人力资源管理是通过一定的科学技术和方法充分协调组织中的人与事物、人与人之间的矛盾和关系，使人的潜能得到最大的开发利用。

我们认为，人力资源管理是从组织和个人发展的需求出发，制定科学合理的管理机制和流程，并运用一定的科学技术，对人力资源进行深入、充分、有效的开发，高效利用以及科学管理的全过程。

四、人力资源管理的主要内容

（一）职位分析

职位分析是人力资源管理最基础的工作。包括确定组织内各岗位任职条件和明确各岗位的工作内容与岗位职责两部分内容。职位分析是收集、分析和整理关于职位信息的一个系统性程序。职位分析的结果一般体现为职位说明书。职位分析的信息被用来规划和协调所有的人力资源活动，如员工甄选标准和绩效评估标准的确定、培训方案的制定等。

（二）人力资源规划

结合企业的战略目标，对企业现有人力资源现状进行分析并对未来发展趋势进行预测，即充分分析企业现有人力资源的供给与需求现状，科学地对企业未来人资源的供需关系进行预测，制订人力资源招聘、培训和配置计划，以使人力资源供需得到平衡，保证企业目标的实现。

（三）人力资源招聘与甄选

企业要通过人力资源招聘来迅速、有效地找到企业所需的人才。在人力资源招聘过程中，需要采用科学的方法和手段对应聘的人员进行有效地甄选，人力资源招聘与甄选是人力资源管理的一项重要职能。

（四）培训与开发

培训与开发主要是根据不同员工的技术水平和素质差异，采用不同的训练方式和训练内容，提高员工的知识技能和素质水平，进一步开发员工的潜能，帮助他们胜任现任的职位和将来的工作。

（五）绩效管理

绩效管理是现代人力资源管理的重要内容和核心职能之一。其核心内容是绩效评估，所谓绩效评估就是对员工工作绩效的结果进行客观评估，并将评估结果反馈至员工，已达到激励员工的目的，员工的岗位升降、薪资调整等都需要参考绩效评估结果。

（六）薪酬管理

薪酬管理是人力资源管理的核心内容，科学合理的薪酬体系对企业和员工来说都是至关重要的，直接关系到人力资源队伍的稳定和未来的发展，人力资源管理部门在指定薪酬制度时需考虑到员工的认可性和公平性。

（七）职业生涯管理

人力资源管理部门有责任关心和鼓励员工的个人发展，帮助其制订个人发展计划。这样不仅有利于促进员工的个人发展，激发员工的潜力，也有利于提高员工的工作积极性和创造能力。企业通过职业生涯管理，使企业和员工的需要都能够得到满足。

（八）劳动关系管理

劳动关系是劳动者与用人单位在劳动过程和经济活动中发生的关系。一个企业的员工关系是否健康融洽，直接关系到企业的人力资源管理活动的有效开展和发挥作用。

五、人力资源管理的基本功能

人力资源管理自身所具备或应该具备的作用反映了人力资源管理的基本属性。从人力资源管理的内容中可以总结出人力资源管理的五项基本功能：获取、整合、培训开发、激励、评价与调整。

（一）获取

为了实现目标，企业总是持续不断地招聘自己需要的人员，补充“新鲜血液”，企业在开辟新的生产线、扩大企业规模、兼并其他企业时都会对人力资源提出新的需求。人力资源部门必须帮助企业吸引和获取所需要的各类人力资源。此外，即使不进行扩张，人员也会有“自然磨损”，如退休、退职、病退、辞退、死亡等，也需要有人员的补充。获取功能通过人力资源规划、职位分析、人力资源招聘和甄选等具体工作来实现，它是整个人力资源管理活动的基础。

（二）整合

建立并维持有效的工作关系，包括企业文化的传播、信息沟通、人际关系和谐、矛盾冲突的处理等内容。这一职能旨在使企业内部个体和群体的目标、行为、态度趋同于企业的要求和理念，使彼此之间形成高度合作关系，建设具有整体优势的团队，发挥人力资源的集体优势，提高企业的生产力和效益。

（三）培训与开发

这是提高员工能力的重要手段。培训与开发活动主要包括企业和个人开发计划的制订、新员工的引导和培训、员工职业生涯设计、继续教育、员工有效使用以及工作丰富化。通过人力资源培训与开发，进一步提高员工的知识和技能水平，挖掘员工的潜在能力，最大限度地实现其个人的价值，提高人力资源对企业的贡献率。

（四）激励

它是指对员工为企业所作出的贡献而给予奖励的过程，是人力资源管理的激励、凝聚和引导职能。包括制定公平合理的薪酬、提供福利、经济性和非经济性报酬的分配、各种物质和精神激励的运用。通过这样一系列活动可以提高员工的工作满意度，增强员工为企业目标而奋斗的决心，提高其劳动积极性和劳动生产率。

（五）评价与调整

评价即是对工作内容、工作表现以及人事政策的服从情况做出观察、鉴定和考核。在评价的基础上，以考评结果为依据，对员工实行合理、公平的动态管理，如晋升、调动、奖惩、离退和解雇等。应当以一种系统的观点来看待人力资源管理的各项功能，它们之间并不是彼此割裂、孤立存在的，而是相互联系、相互影响，共同形成了一个有机的系统。

六、人力资源管理的意义

通过合理的管理，有利于提高员工的个人综合能力，激发内在潜力，提高员工的工作积极性和企业竞争力，为企业带来更多的经济效益。

（一）人力资源管理有利于调动员工的积极性

人员是企业收获经济效益的最主要因素，员工是具备独立思想的个体，会根据企业实际情况和自身发展需要做出最优选择，因此企业应尽力提供满足员工需求的工作环境，使员工能够实现自我价值。企业可以从物质、行为及思想三个层面对员工进行管理并尽力维持三者之间的平衡，以确保员工具备持续的工作热情，充分调动自身主观能动性，不断提高自身工作能力，不断改进工作，从而达到提高劳动生产率的目的。

（二）人力资源管理是增强企业竞争力的根本途径

人力资源是企业生存和发展的关键资源。随着世界经济全球化和知识经济时代的到来，人在价值创造过程中的作用越来越突出，企业的生存和发展越来越依赖于人的因素。企业之间的竞争力归根到底取决于自己所拥有的人力资源状况、企业对资源的开发及管理的程度和水平。从而实现企业内人力资源状况的改善，提高资源的竞争力，加强人力资源管理是根本途径。

（三）人力资源管理是提高企业经济效益的重要保证

提高企业经济效益是各企业生产经营的出发点和落脚点，想要不断提高企业经济效益，就必须对企业内各种资源的内在潜力进行不断地深入挖掘，并进行科学合理的配置，在各类资源中人力资源占据核心地位，其配置的合理性取决于人力资源管理水平的高低。只有科学配置人力资源，协调好各种资源之间的关系，才能减少劳动消耗，提高企业经济效益。

人力资源的概念被提出之后，只有小部分企业将人力资源管理纳入其中，直到 20 世纪 80 年代中后期，人力资源管理才得到普遍认可和应用。相应的管理体系和方法，也可以被应用于高等院校的人力资源管理工作之中。高等院校属于人才密集型的组织，高等院校更接近工商管理领域的服务业的性质。高等院校的产出是课程、学生和科研成果。在我国，高等院校是一种介于工商企业和政府部门之间的组织。既不同于工商企业的营利性，也不同于政府部门的非营利性。高等院校的目标、性质、现状决定了高等院校的发展需要高水平的人力资源管理。目前高等院校所应用的人力资源管理理论主要是借鉴企业人力资源管理理论。需要针对高等院校人力资源管理的特殊性，探讨适合于高校人力资源的招聘、绩效考核、培训、薪酬管理等方法。因此，将人力资源管理理论与大学教师绩效评价工作联系在一起，具有重要意义。这不仅能够丰富人力资源管理理论，拓展其应用范围，也促使大学在教师绩效评价过程中，重视教师的主体性，使评价以教师的发展为核心，并以促进教师自身的发展为目的。

第三节　高校教师发展理论

刘易斯认为，大学教师发展理论最早的形式是 1810 年哈佛大学开始实施的教师学术休假制度，其目的在于促进教师作为学者在其学术领域的进一步发展。20 世纪 50 年代至 20 世纪 60 年代中期，随着社会经济的发展以及学生权利运动在美国高等教育领域的出现，学生希望其对所学知识进行把握的诉求能够在课程设置上得以体现，并且希望教师回应学生关于其所教授课程的相关问题。在 20 世纪 60 年代中期至 20 世纪 70 年代期间，高等教育领域对教师应该关注教学的呼声越来越高，教师发展问题也成为各高等院校的关注点。对于大学教师发展（Faculty Development，FD）这一概念有多种界定。从狭义上讲，大学教师发展是只关注教师本身的教学发展，而从广义上来说，大学教师发展关注的是教师在教育活动过程中各种能力的全面发展，如教学能力发展、科研能力发展和职业生涯发展等。随着大学教师发展在理论和实践活动中的不断丰富，大学教师发展的概念也被赋予了新的意义，即将大学教师的个人发展纳入整个大学的发展之中，对二者进行科学合理的融合并作为一个整体来看待。美国学者弗朗西斯认为，大学教师发展需要高校从根本上对大学教师的态度、能力和行为做出调整，使其具有更强的能力和更高的工作效率，以满足学生、教师自身和院校的要求。成功的教师发展计划能改变教师对专业角色的态度，增长知识和技能，改变实践方式。王春玲等人在总结国内外关于大学教师发展的概念界定后，认为大学教师发展的根本目的是对教师的专业能力进行不断的开发和提升。时代背景、社会环境和高校自身发展情况的不同，使得大学教师发展的侧重点也不同，教师的研究能力、教育能力甚至是教师的身心健康、事业生涯规划、生活品质等都可以作为大学教师发展的侧重点。通过对近几十年教师发展历程的研究和分析，将大学教师发展定义为改善教师综合教学能力的活动。除了围绕大学教师发展这个概念的内含对大学教师发展的概念进行界定，有些学者还将大学教师发展的概念与专业发展（professional development）、教学发展（instructional development）、组织发展（organizational development）和个人发展（personal development）等概念相联系，对教师发展的概念进行界定和理解。1975 年，盖夫提出了大学教师发展是由教师个人发展、教学发展和组织发展三方面构成的，并将其定义为一个提高教师综合能力、培养自身兴趣爱好、提高工作胜任能力，以提高教师专业能力和丰富个人发展的过程。伯格威斯特和菲利普斯认为，大学教师发展必须是综合性的，同时也是一整套多样化的有机联系的策略。这一综合性的大学教师发展应是基于态度、过程和结构三个层面的重要变革，它应为大学教师提供改进课堂教学的培训、帮助教师在学术组织中形成一种积极的环境，使教师能够对影响其个人职业生活的价值和态度进行审视和反思，并明确提出教学、组织和个人三方面综合发展是大学教师发展规划的重要组成部分。

1991 年，美国教育联合会（National Education Association）在《大学教师发展：国力的提升》（*Faculty Development in Higher Education*：*Enhancing a National Resource*）报告中，明确提出教师发展应围绕个人发展、专业发展、组织发展、教学发展四个层面开展工作。教师个人发展可以从教师的人际交往、身体健康和职业规划等方面进行；教师专业发展可以从获得或提高与工作相关的专业知识、能力和思想等方面进行；高校组织发展则可以从组织氛围的角度出发，为教师进行教学实践活动提供便利环境；教师教学发展可以从资料的准备、教学模式和方法与课程更新的角度进行。20 世纪 80 年代，日本高等教育领域引入了大学教师发展的观念，20 世纪 90 年代后日本各大学开始重视教师发展问题。由于大学教师发展是从美国引进的外来语，在日语中没有与之相对应的专有名词，1998 年日本大学审议会使用的是日语音译，2005 年日本中央教育审议会报告中则直接使用英语简称“FD”。日本学者对大学教师发展的概念根据本国高等教育的现状进行了重新界定。1999 年日本学者原一雄认为大学教师发展是大学教师为了能够更好地履行教育、研究、管理等岗位职责和义务所进行的改进和提升的对策和活动。另外也有学者从宏观角度将大学教师管理定义为一种管理行为，从完善和提高教师的研究、教育、管理、职业发展规划等角度出发通过一定的科学技术和方法达到提高大学教师专业水平的目的。这两位学者都将教师发展与高校发展联系在一起进行研究，都是从广义的角度理解教师发展的概念。但 2008 年日本中央教育审议会在《为了建构学生课程教育》的报告中重新定义了大学教师发展的概念，即大学教师发展是教师为科学地完善和改进教学内容和教学方法所进行的有组织的举措的总称，并明确指出不能单纯地从改进教学内容和方法的角度分析大学教师发展的概念，还要从教师的科研任务和社会服务等专业能力的角度看待大学教师发展的定义。通过对大学教师发展概念和内含的梳理，可以发现，对大学教师发展问题的理解也是逐步深化的，从单纯地关注教师的教学能力发展，到关注教师多方面职业能力的发展，并将教师个体的发展与教学发展、课程发展、专业发展、组织发展相联系，将大学教师发展与院校总体战略规划相联系，将大学教师发展置于院校宏观发展的视野中进行考察，在实现大学教师发展制度化的同时，关注大学内部和大学外部的制度环境问题，不断拓宽大学教师发展的视野，使之服务于高等教育总体发展和改革目标。

为了深入研究大学教师发展问题，制订适应大学发展的教师发展计划，实施大学教师发展项目，研究者从心理学、社会学等理论出发，对教师职业发展阶段进行了研究。霍奇金森首次将成人发展理论运用于教师发展阶段研究，根据大学教师年龄将其职业分为七个阶段，即进入成人世界阶段（22～29 岁）、成家和向上发展阶段（30～50岁）、形成自己风格阶段（35～39岁）、中年阶段（39～45岁）、重新稳定阶段（43～50岁）、老年阶段（50岁到退休）。美国学者布拉斯坎普从教师职称角度总结了从助理教授到副教授，从副教授再到正教授的三个转变时期。弗里德曼从教师思维和行为模式的变化角度将大学教师职业分为学科关注期，关注教学方法期，关注反思阶段，思维和行动的模式选择阶段，个人自主概念化阶段。鲍德温经过对美国高校教师的相关分析，将高校教师分为适应生存期、初获认可期、相对稳定期、高峰转折期、隐退淡出期五个阶段。无论教师职业阶段从哪个角度被分析研究，任何一个发展阶段或时期都需要面临属于这个阶段或时期的挑战。为此，在面对教师发展问题时，应充分认识到大学教师发展的阶段性，针对不同阶段具有不同的发展特点，应采取相应措施，应对教师发展的不同时期，适时进行政策和措施的调整，以促进大学教师发展，提高教师工作绩效。

在对大学教师发展的阶段性进行探讨的基础上，学者们对大学教师发展的理论问题进行了更深入的探讨。林杰基于对美国大学教师发展的研究认为，美国大学教师发展的观念与理论从无到有，适应高等教育发展的需要，并结合最新的教学与学习理论进行教师发展的实验设计。他认为，20世纪60年代初期，影响美国大学教师发展运动的理论基础至少有三个，即行为主义、感知训练运动和个体差异研究；从20世纪70年代开始，学者们开始对大学教师发展的概念进行拓展和深化，推进了相关的理论问题探讨，并于20世纪70年代末至20世纪80年代初，将社会学的成人社会化理论与心理学的“认知革命”成果引入教师发展理论建构之中；随着20世纪90年代博耶对学术观念的拓展，形成了大学教师发展的综合性观念和体系建构，为大学教师发展的实践提供了理论基础。王春玲根据大学教师的特点和角色特征，提出了对美国大学教师发展进行研究的四维度结构，即关注大学教师专业能力的提升与发展的专业维度；关注大学教师在开发有效课程、提高教学技能等教学方面发展的教学维度；关注大学教师个人身体状况、人际交往、工作态度等教师自身情况发展的个人维度；关注高校如何通过改善教师工作环境和文化氛围来推进教师发展的组织维度。这四个维度并不是四个独立的个体，而是彼此渗透、彼此影响、彼此联系、彼此作用和彼此制约的。

美国大学教师发展运动始于20世纪60年代，林杰等人通过对美国大学教师发展运动的理论模型进行梳理和分析后，认为以下三个理论模型最能代表大学教师发展，第一种理论模型的提出者是伯格威斯特和菲利普斯，这个模型建立在“大学教师发展是从态度、过程和结构三个层次上进行的”这一假设基础之上，是概念化的综合模型。第二个理论模型的提出者是盖夫，他认为大学教师发展可以分为个人发展、教学发展和组织发展三个类型，且各自具备独立发展的能力。第三种理论模型是由伯格威斯特和菲利普斯在前两种理论模型的基础上通过一定的修正和补充后重新提出的一种新的概念模型，既保留了“大学教师发展是从态度、过程和结构三个层次上进行的”这一假设基础，又将个人发展、教学发展、组织发展与态度、过程和结构综合在一起。这一模型受组织理论、组织变迁理论等相关研究的影响，认为个人发展、教学发展、组织发展和共同体发展皆包容在制度发展所创设的环境之中，同时关注制度发展之外的更为宏观的制度环境。这些对于大学教师发展的相关理论建构，不仅使我们对大学教师发展有了更为全面深刻的认识，更有助于教师发展项目的设计与实施，有助于推动教师发展，同时也深刻理解了教师的职业特点。大学教师发展理论、评价体系和制度化建设三者是互相渗透、互相影响、互相促进的。从大学教师发展理论的角度看待教师评价体系问题，也就是如何科学合理地将教师绩效评价与教师发展紧密联系在一起，从而更好地推动大学总体发展战略目标的实现。

第四节　增值评价理论

增值评价最早是欧美国家用来评价教学效能的高低，其主要的关注点是学生的学习效果，并将其与效益和教学水平相联系。在我国，增值评价被广泛用于对大中小学教育效能、学习效果和教师素质水平的评价上。对于增值评价的定义，研究角度不同，对定义的理解也不同，我国研究者对“增值”和“增值评价法”的理解可以分为以下三种：一是从学校对学生学习产生的影响角度出发，认为“增值评价”是学校教育活动对学生学习成绩、综合能力等方面所起到的积极作用；二是从学习成绩出发，将“增值”定义为学生接受教育前后所产生的绝对成绩的增加额；三是从“增值评价的内容”出发，对学习成绩、逻辑思维、理解能力等抽象特征和实操能力、心理健康等具象特征进行有机结合并纳入增值评价的内容之中。

对“增值评价”概念的理解角度不同，其应用的范围和关注的焦点也不同。第一种理解观念的学者用增加评价对教育效能进行评估，以学生学习综合能力的增值程度评价学校的教育能力和办学效益，在评估过程中只考虑学校为学生综合能力提升所提供的积极因素，忽略影响学生发展的家庭、社会、个人主观意识等因素的影响。第二种理解观念的学者对增值评价的应用领域与第一种不同，其重点关注中小学教育，从学生学习成绩出发，以学生接受教育前后所产生的绝对成绩的增加额和其变化程度评估教师的教学水平，成绩的增值是通过成绩数据统计、计算公式和计算机技术得出的数据信息，能够客观地反映出学校的教学效果，评价的对象更倾向于教师，评价的角度也从宏观层面转移到中观层面。第三种理解观念的学者在整个教师发展过程中既关注学生知识、能力和综合素质的发展，也重视对教师教学效果的评估，是对前两种理解观念的统一，无论是学生综合能力和素质的变化，还是学习成绩的变化都和学校的整体教育水平和教师的教学能力息息相关，学生的增值情况可以直接反映出学校的教育水平、办学理念和办学宗旨。由此可见，增值评价是一个纵向的过程评价，能够从学生角度直接反映出教师教学能力和学校教育效能的高低。

本书从增值评价的第三种理解观念出发，评估教师教学活动对学生知识、能力和素质三方面增值所产生的积极作用。关注的重点主要是学生进入学校接受教育前后各方面的发展水平之间的差值。“增值”所侧重的内容是过程的变化和中间发展的量化值。学生在学习发展过程中会受到来自家庭、社会、自身和学校等诸多因素的影响，尤其是学校的师资力量和教师的教学水平能够直接影响学生各方面的发展。增值评价法就是将学校因素从家庭、社会、自身中独立出来并对其进行量化，通过量化筛选出有利于提高学生综合发展水平的有利因素，如科学有效的教学方法、合理的教学内容、循序渐进的教学进度等，并对其进行完善、优化和推广，旨在提高学校的整体教学水平和办学效益，积极推动高校教师发展。

以学生发展的增值情况评价教师教学水平的高低不仅符合增值评价法理论，也是增值评价法的特点之一。无论是就业层面、社会层面还是家长层面，都是从知识、能力、情感、思维、综合素质等各个层面重视学生的发展，所以在应试教育中，不能只关注学习成绩的好坏，也不可以将学习成绩作为评价一个学校教育水平高低、教师教学能力强弱、学生自身发展好坏的唯一指标，这样做是不合理的。所以本书从增值评价法的第三种概念理解角度出发，重视学生知识、能力、素质三方面增值的发展。结合高校学生的学习特点，从课堂教学效果出发对学生课程知识、能力、素质三方面的增值进行性评价。评价的标准既包含对课程知识的掌握能力、理解能力、想象能力和创新能力，也包含了学生的独立思考能力、对知识的灵活运用能力以及学生自身的人文、科学等综合素质。对学生综合能力进行评价既可以满足劳动力市场对劳动者的要求，也能够践行普通教育的推广。从另一个角度来说，这种评价理念能够充分证实学生综合能力的重要性，并将其展现在市场、高校、家长、学生面前，以提高各方对综合能力发展的重视程度，同时也可以为学者进行教师教学与学生发展之间的关系提供现实条件，通过对学生发展过程的观察，为优化学生学习方式、提高教师教学水平奠定了基础。

增值评估不仅重视学生的成长，同时也重视对教学成果的评价，它把学生的学习过程和教师的教学工作相互融合，以学生的增值发展对教师教学水平进行评价，反之也可以通过提高教师的教学水平来促进学生的增值发展，在此过程中充分调动学生和教师的积极性，促进课堂的有效运行，为教学研究提供参考。增值评价法具有以下四种特征。

（一）从学生原始输入值出发，重点关注发展所产生的增加值

应试教育背景下，学校进行生源录取、学校社会名声的优劣、教育效能的高低甚至是学生的择校情况，都是由学生入学时的原始输入值直接决定的，很显然，单纯地考虑原始输入值是片面的、不科学的，这样不仅会使学校、学生本人、家长等各方人员过于关注成绩本身从而忽视了学生和教师在学习和执教过程中的付出，消减双方积极性的同时也降低了教育效能。增值评价法虽然也是从学生入学的原始输入值出发，但其更加重视学生在整个学习过程中所产生的增值情况，以增值幅度的变化衡量教师教学能力的高低，所以增值评价法不仅可以关注到学生发展，同时也有利于教师对教育公平的重视程度，维护学生享有的平等受教育权。

（二）增值评价是更为公平的评价

学生增值评价是学生在进入学校接受教育后能力的发展程度与学生入学时的原始输入值之间的差值。这是一种纵向的评价方式，以学习进步程度作为衡量指

标，学生都是在和过去的自己进行比较，因此这种评价方式相对于人为制定的传统评价标准来说，更具科学性、客观性和公平性。另外，增值评价对教育公平的重视有利于社会声誉较差的学校调整工作方式和工作理念，将工作重心转移到对学生的增值培养上，因为在增值评价的教育理念中，学生的增值发展是评价教师教学水平、学校办学效益的重要因素。同时增值评价是使每位学生都保持相同的增值额度，教师也会从主观上重视每一位学生的增值发展，因材施教，积极践行教育公平。另外，学生的增值发展有利于学生接受教育的公平，也会促进教师绩效评价的公平。通过增值性评价，对学生受教育前后的学业水平进行比较，可以更加公正地衡量学生的学习表现，并且重点关注他们的进步和发展，而不仅局限于他们的成绩的绝对水平，避免了过去将学生的成绩与平均值或任何一种固化的标准进行比较的做法。因此，通过建立一套客观公正的评价标准，可以更好地反映学校和教师的教育性能，从而更加公正地评估工作成果，从而激励那些生源质量较低的学校，为学生的发展和成长提供更多的动力，从而实现对教师群体的公平性。最后，增值性评价的核心思想是，学校和教师应当确保每个学生在一段时间内都能够以相似的速度取得学习上的进步，也就是说，每个学生在一段时间内的增值幅度都是大致一样的。因此，学校和教师不仅要重视优秀学生，还要关注其他学生的发展和进步。为了确保每位学生都能得到充分的发展，应该根据学生的自身特点和需求，制定出适当的教学方案，以便让他们得到最大的收益，实现公平的对待。

（三）增值评价是保证绩效评价公平性的科学依据

传统的应试教育是以学生绝对成绩的高低评估教师教学水平的高低，而增值性评价是从学生知识、能力和素质三方面来反映教师的教学水平，二者相比，增值性评价更加科学合理，因为学生发展的增值幅度是客观真实存在的标准，刨除学生原有基础的因素，只关注教师教学对业务增值所产生的影响，更能直观地体现出教学行为的开展效果。增值性评价的科学性和客观性也为高校教师绩效评价的公平性创造了客观条件。

（四）增值性评价具有跟踪观察的特征

增值性评价关注的是学生业务增值的整个过程，通过对学生发展每个阶段的观察和分析，能够清楚地了解学生所取得的学习成果和客观存在的问题，跟踪观察评价过程中的所产生的与学生发展相关的任何信息都能够为教师调整教学理念、改善教学方法提供科学依据和基础。另外，学生的发展情况也能够为教师绩效评价提供真实的证明材料，且在此过程中对发展性评价和奖惩性评价进行了充分的融合。

第二章　教师绩效评价的角色和作用

本章介绍了教师绩效评价的角色和作用，包括各评价主体的角色和作用，以及评价主体间的关系及协调，评价主体包括教师、学生、管理人员、专家和评价机构。

第一节　各评价主体的角色和作用

教师绩效评价的参与主体不仅包含被评价的教师、学生和校长等管理人员，也包含其他同行业的评审专家、评价机构等。不同的参与主体在教师绩效评价过程中都扮演着不同的角色，发挥着各自的作用。在评价过程中，教师的自我评价具有基础性地位，学生评价是评价中的一个重要方面。在美国大学中，系主任的评价在评价过程中发挥着关键作用。同行评价是对被评价教师绩效进行衡量的重要途径，分为校内同行评价和校外专家同行评价，同行评价主要对教师的专业水准进行评判。无论是我国的大学，还是国外的大学，同行评价都被认为是教师绩效评价中必不可少的主体之一。有些院校还通过一些校外机构进行教师绩效评价。

一、教师的角色和作用

根据《中华人民共和国职业分类大典》对社会职业的划分情况，人民教师是从事各级各类教育教学工作的专业人员，从职业划分角度属于“专业技术人员”。从划分的指标体来看，大学教师属于教学人员中的高等教育教师，因此，高校教师具备了高等教育教师的教育性、学习性、学术性、创新性、社会性五种职业属性。

第一，教育性。被誉为“唐宋八大家”之首的韩愈，在其所著的《师说》中将教师的职责阐释为“传道、授业、解惑”。“传道”是基础教育，除了传递知识，还应该培养学生树立正确的道德观念；“授业”是传授学生以学，学习专业知识和基本技能；“解惑”是指当学生在面临未知事物时，能够灵活地运用自身的知识、技能为其解除困顿和疑虑。需要注意的是，“传道”的重点在于学生人格的培养，要传授学生以坚定的政治信仰、优良的道德品质和良好的社会公德意识，而不是简单的“讲授道理”。人格品质是一个人成长和发展的基本保障，并不是考试成绩这项内容所能代表和呈现的。教师的“传道”可以以教授、引导、熏陶、感染、鼓励、唤醒等诸多方式进行，对于学生来讲，掌握一定的基础知识和基本技能是立足社会的生存之本。高校教师的一个重要任务就是帮助学生具备一定的生存本领，但必须将道德品质的培养贯穿在整个教育教学过程中。除了直接讲授知识和技能，教师还可以通过自身的精神状态和饱满的工作热情激励和鼓舞学生，帮助学生建立良好的道德品质。作为一名教授学业的教师，应该充分发挥自身的教学能力，作为一名精神导师，可以借助自身的人格魅力来激励和引导学生，让他们在道德和精神上都得到提升，成为品德高尚且有智慧的人。“传道”是基础教育，是教师的第一责任和使命，是教育的目的和方向，“授业”“解惑”是教师进行“传道”的途径和方式，为了满足社会对优秀人才的日益增长的需求，教师应承肩负起传播知识、指导和建构学生个性的重任。

第二，学习性。扎实的专业基础是高校教师培育优秀人才以及进行有效的科研工作的首要条件。因此，高校教师必须在全面掌握学科专业知识的基础上，汲取先进的社会思想，结合科技、经济、政治等发展现状及发展趋向，不断扩宽学科知识范围，挖掘学科知识要点，提升自己的科研能力和教学能力，并将其融入课堂教学与实践当中，以此来推进学生的素质的提升。随着科技的飞速进步和知识的更新换代，必须持续地学习才能与时俱进，必须持续地学习才能保持竞争力，必须持续地学习才能为学生树立一个优秀的学习榜样。当今的时代背景使我们不得不面对知识的快速更迭，今天刚接触到知识明天就有可能被淘汰，所以我们必须持续地学习、探索新的信息。在这种充满机遇和挑战的时代，持续地学习和探索将伴随着我们的一生，它也将成为促进人生发展的重要动力。俗话说“给人一碗水，自己应备一桶水”，其所反映的道理显而易见，自身必须具备丰富的知识体系才能更好地为别人提供价值，即便是进行科学研究也同样需要时刻关注并深入了解本领域及其相关领域的发展趋势，以便及时调整思维模式，跟上时代发展的步伐。同时，作为一名教师，必须不断提升自身的专业水平，树立终身学习的理念，积极主动地对自身知识体系进行不断地更新，拓宽知识领域。

第三，学术性。一般来看，学术是指“专门的系统学问”，学术职业主要是指探究知识、发现学问的职业。美国学者欧内斯特·博耶基于学术的功能提出学术具有发现知识、传播知识、综合知识和应用知识等方面，认为教师的学术职业是以专门化和系统化知识的研究、教学、综合和应用作为工作对象的特殊职业。从科研的角度，将科学发现和发明及其生产力转化作为对国家和社会具有贡献性劳动成果。教师应具备以下基本特征：接受过专业系统的知识教育；遵守共同的学术伦理；以自身知识储备获得薪酬；具有独立的研究领域；会受到学术劳动力市场的限制；具有永久或稳定的生活保障；有标志其水平的具体职业称谓；能够通过科研成果为国家和社会服务。这一群体的主要工作内容是进行科学研究，结合各自的研究领域，更好地推进研究工作进度并不断地丰富自身知识水平，通过各类专业协会建立声誉，获取回报。

高校教师的学术性职业属性必然产生自治和自主的思潮，代表学派是“自主自治的办学观”“学术自由的大学治学观”，他们所表现出的对“自主”“自治”和“自由”等因素的渴望，都具有极强的自我意识；他们当前的生存境遇往往成为他们角色期望的出发点。曼海姆认为知识分子在某种程度上属于“社会无根阶层”，因为知识分子所吸收的知识来源于社会不同的阶层，经过一定的加工和利用又可以打破本源阶层的限制，使其有能力对各类观念和思想进行挑战和批判。哲学家安东尼奥·葛兰西深刻地阐释了知识分子的特质：知识分子是非体制集团的，或者说，不依附于某一利益集团的知识分子富有所谓孤立的“行会精神”，他们不屈从于某种“集团霸权”，具有自己独立的世界观和游离于社会体制之外的超越精神。高校教师具备知识分子的共性，无论是从社会角度还是从政治角度，都希望教师能够坚守其人格，运用自身的专业知识和对真理的追求对抗社会上的不公平、批判腐败、抵制暴力，为弱者发声，为不公平发声，成为社会的良心、道德的典范。教育具有历史继承性，教师是知识的传播者和传承者，高校教师的传承不仅体现在知识、技术上，还承担着对精神文化的继承和传播的责任；怀疑和批判精神在一定程度上推动人类文明的发展和进步，高校作为社会批判的中心，高校教师有责任也有能力运用自身的专业知识对传统的、糟粕的、陈旧固化的思想和现实社会存在的不公平现象提出质疑、抗议和批判；高校教师不仅是学生学习的引导者和促进者，同时也承担着一定的社会角色，这就要求高校教师必须积极参与各类社会文化活动，将国家和民族的利益作为一切行动的出发点和落脚点，充分发挥自身专业能力，引领文化思潮的健康发展；创造是人类本质力量的最高表现形式，学术研究是高校教师创造文化的外在表现形式，只有不断丰富自身的知识体系，提高学术研究水平，才能最大程度地发挥对文化的促进作用，才能让文化走得更远。

第四，创新性。教育工作是一项极具创造性的劳动，高校教师必须具备一定的创新思维和创新能力才能更好地培养学生的创新精神。现代教育理论不再只是关注学生成绩的好坏，同时重视对学生创新能力的培养，这也是传统教育理论和现代教育理论的本质区别之一。传统教育理论将知识作为一成不变的绝对真理来对待，记得越准确、越牢固就代表对知识的掌握能力越好，从而忽视了学生的自主思想，使学生缺乏活跃的思想，限制了学生的潜在创造力。为了更好地满足知识经济时代对人才的创新性要求，教师应摒弃旧有的教学理念，建立符合时代要求的现代教学理论，培养学生的创新能力，激活学生内在的创新潜能。然而，由于历史的原因，教师和学生之间处于教育与被教育的角色，这种垂直的师生关系一直使学生处于被动接受知识的状态，无法实现师生之间的平等交流，也不可能存在师生在平等基础的前提下对知识进行探讨。这种被动的状态使学生无法表达自己的看法和意见，长此以往，学生的创造性将被直接扼杀在萌芽阶段，对学生的身心健康和人格发展也会产生不利影响。为满足时代发展和社会变革对人才的要求，教师应该有意识地创建一种符合当下时代背景的新型师生关系。在教学过程中充分考虑到学生的个性、情感和意愿。同时，还要为学生提供展示自我观点、想法、建议和思维的机会，鼓励他们进行积极思考、自主探究和勇于创新。

高校教师把主要精力放在教学的同时，还应通过参与科学研究、知识创造等促进教学与科研的相互结合。因此，他们从事的劳动富于探究与创造的特征，是一种具有高水平、高强度的脑力劳动。同时，他们的劳动还具有群体协作的特征。一方面，进行高深学问的传授与科研，是一种个人才能发挥、风格展示的独立行为，需要自由支配时间、工作场所的设施和工作方式，以保证其开展创造性的工作。另一方面，教师也应该加强团队协作意识，加强与学校、与其他学者之间的联系和协作，不断丰富自己的知识体系，提高教学能力，才能更好地为学生提供服务。

第五，社会性。无论从思想层面还是从科学技术层面，大学教育活动对社会产生的影响都是深远且不可忽视的，如五四运动、水稻杂交技术、激光照排技术等。而在这些事件和贡献中，教师都发挥了不可替代的作用。另外，无论是从社会角度还是从教师自身的发展角度都要求高校教师必须同时面向学生和社会，只有这样才能更好地实现人生价值。

教师的劳动是不同于体力劳动和常规脑力劳动的特殊生产劳动。其在劳动目的、劳动过程、劳动成果等方面具有其自身特殊性。

劳动目的的特殊性。马斯洛的需求层次理论认为，人只有在物质需求得到满足的基础上才会追求精神需求的满足。但对于高校教师来说，劳动目的不是生产物质产品，而是要向社会输出具有一定文化科学知识和高尚道德品质的人，是要为国家培养出“五育”并举的“四有”新人。因此对于教师来说，自我价值的实现往往比物质追求更重要。教师也同时具备知识工作者的共性，具有提出学说和进行实践能力的潜能，与其他类别的职业人群相比，需求层次较高，也更重视自身能力的提升。相对于常规事务性工作，教师群体更喜欢具有挑战性和创造性的工作，因为在完成任务过程中，教师的个人能力得到了最大程度的发挥，有利于实现自我价值。

劳动过程的特殊性。高校教师的劳动过程既具备教师劳动的共性又具有强烈的个体性。其共性特点主要体现在教学活动和科研工作上，也就是规章制度对高校教师在课程设置、学科标准、课题级别、课时数量、科研成果水平等方面的要求。高校教师也必须按照学校的指标评价体系进行工作，接受学校在成果、课时完成情况等方面的考核，共性特点是教师劳动标准的底线要求。但教师工作同时具有强烈的个性，主要表现在对学术的追求，对价值的追求，对管理的效率差异，对科研影响力的大小等方面。高校教师劳动过程的特殊性还体现在其创造能力上，高校教师的工作内容并不是一成不变的重复性工作，需要结合时代背景、社会环境、就业环境等各方面的因素依靠个人能力和综合素质灵活地应对可能发生的变化。

劳动内容的特殊性。高校教师通常都有各自擅长的研究领域，研究内容的专业性极强，需要投入大量复杂的脑力劳动，同时也会耗费一定的心血。高校教师的劳动具有极强的自主性，研究的内容通常无法具象化，劳动成果短期内难以衡量，劳动内容的推进过程也难以监控。

劳动成果的特殊性。教师的劳动成果是“五育”并举的“四有”新人，是为社会发展作出贡献的科研成果。“四有”新人是有思想的、不断发展的，教师对学生的影响并不因为教育过程的结束而消失，而是继续地、长久地进行着。科研成果的产生也需要投入大量的实现成本。无论是哪种劳动成果，都需要进行长时间的实践验证，无法在短期内对教师的劳动进行指标量化，因此，高校教师的工作业绩很难即时评定。

劳动时间的特殊性。高校教师的劳动时间具有一定的连续性，没有明确的界线要求，所有相对来说，劳动时间是模糊的，无法具象化的。劳动成果的特殊性使其无法采用统一的指标进行量化衡量，更不能单纯地从时间或数量等单一维度上对其进行评价。诸如教师的教学能力、科研成果的级别、学术造诣程度等复杂的劳动成果都是无法用统一的标准进行衡量的。因此对高校教师的教学评价也不能单纯的以课时数的多少和课时数量的完成情况作为标准，还要考虑到劳动成果的质量要求，因此很难用某个特定的指标比较高校教师之间的业绩完成情况。

在整个教师绩效评价活动中，教师是整个评价活动的核心，是被评价的对象。开展教师绩效评价活动有利于提高高校的教育教学质量管理效能。教师绩效评价是一个教师必须参与其中且教师必须发挥其主体性作用的活动。没有教师的参与，教师绩效评价也就失去了其最根本的意义。穆莫认为，大多数教师绩效评价制度之所以没有达到鼓励和促进教师发展的目标，是因为在其评价体系中缺乏了被评价者教师的参与，而且各评价指标之间也缺乏关联性。教师作为绩效评价活动的核心，对绩效评价制度地制定有着不可忽视的作用。唐纳德·肯尼迪也认为，高校教师的工作内容就是整个大学工作的核心所在，因此在制定或执行与教师相关的任何决策或制度时，必须将教师因素考虑其中。高等教育质量关乎大学中每一个个体的利益，所有成员都应该对大学质量负有责任，大学教师理应对其自身的学术工作进行评价，成为教师绩效评价中的积极参与者。

通过对国外大学教师绩效评价发展历史的审视，以及相关的案例研究，我们发现，在美国，由于院校发展受到某种程度的限制以及不断增长的对问责制度的呼吁，院校开始不断审视教师绩效评价制度与院校发展目标之间的切合度。由于过分重视院校发展目标，在制定教师绩效评价制度的过程中，管理人员从院校总体发展的角度设计和制定教师绩效评价制度，这致使管理人员在教师评价中的地位不断提升。随之而来的就是在教师绩效评价过程中管理人员的意志会不断渗透在教师绩效评价制度，使评价制度越来越偏离其应有的促进教师提高和发展的宗旨。因此，在教师绩效评价制度的改革过程中，始终都应坚持以促进教师的发展和提高教师的创造性能力为目的指导原则。由此可见，制定合理、毫无偏见的教师绩效评价政策，必须有教师的参与，管理人员应该积极主动地将教师纳入整个绩效评价体系之中，使教师在评价目标、评价范围、评价所需资源、参与人员、评价有效性等方面均享有发言权，使教师能够全方位地参与到教师评价之中。在教师绩效评价制度的形成过程中，管理人员必须让教师参与到评价制度的制定过程中，尤其是在确定绩效评价目的时，让教师参与决定评价的目的及评价范围、数据来源，参与决定哪些人应该参与教师绩效评价，参与决定如何考察绩效评价效果。

另外，教师作为绩效评价活动中的评价对象，其对自身进行的自我评价也是整个绩效评价的一部分，同样不可忽视。教师自我评价不仅是教师对自己教学、科研、服务等方面的成果和水平的自我评价，也是教师对自己学术工作的反思。教师自我评价不仅为评价提供相应的材料和信息，也是教师反思和提高的重要途径。

二、学生的角色和作用

学生在教师绩效评价中的作用一直非常重要。尤其是在对教师教学进行评价时，以学生评价作为主要的评价材料来源。但以学生评价作为对教师教学评价的主要手段的评价方式仍需要进一步改革。美国教育研究协会认为，对教学的评价长期以来一直采用以学生评价为主的模式，在有些情况下会以一些顾问的建议作为补充建议，但这种评价方式的效果并不是很好。采用这一模式的原因主要是学生评价比较容易实施，而且没有学科限制，比较容易鉴别出那些教学效果不是很好的教师。但在实际的操作过程中，会造成不利于以学生学习为中心的教学模式的发展，而且也很难鉴别和奖励真正有效的教学。该协会建议采取以“实践为标准”的方式，关注学生的学习，这种评价一般包括教学档案、以各种工具为手段的课堂观察和对学生和毕业生所学到知识情况的问卷调查。我国很多大学也多采用学生评价的方式对教师的教学进行评价，一般是采用学生评教的方式进行的。主要是通过结构性或者非结构性的问卷调查和访谈进行学生评价的。通常，学生评价是在学期末教学结束时进行，要求学生填写问卷对教师的教学状况进行评价，或者通过教学平台对教师教学状况进行评价，而没有在教学过程中对学生学习中所遇到的困难方面问题的评价。这种评价方式是在一种以学生作为消费者的理念下所进行的事后评价，教师很难在教学活动中了解具体的教学问题和学生的学习困难，无法在教学过程中、在与学生的互动中对教学及时进行调整，很难实现绩效评价促进教师教学发展的目的。为了对教师教学活动进行有效评价，目前在评价中采用档案袋法和课堂评估技术能够使评价结果得到很好的应用，能够使教师利用评价结果反思其教学工作。此外，还辅以同行评价、管理人员评价、学生座谈会等不同的方式对教师的教学进行评价，克服了学生评价过于片面的问题。

三、管理人员的角色和作用

随着中国高等教育领域改革的不断推进，建立和完善现代大学制度成为高等教育改革的首要任务。目前，各高校纷纷制定大学章程，对大学的使命进行明确规定。在院校管理方面，不断赋予学术单位以更多的自主权，很多学术权力下放到学院和系，教师绩效评价的主体基本都是各个学院或者系。由各个学院和系组成教师绩效评价学术委员会，对教师进行评价，再交由校一级的学术委员会进行评价。原则上来说，学术委员会由各学院或者系具有较高学术成就和声望的学者组成，以保证评价的学术性。从负责教师绩效评价的学术委员会的组成来看，各学院的院长和系主任在评价中发挥着重要的作用。

高校在制定和实施教师绩效评价制度的过程中，对于如何科学有效地发挥各学院院长和系主任的作用，可以参考美国高校的相关制度，尽管不同的高校，院长和系主任的岗位职责有所不同，但在教师绩效评价问题上，院长和系主任都发挥着不可忽视的作用。在美国大学中，院长或系主任在教师绩效评价中同样发挥着重要作用。美国新英格兰高等教育资源中心（the New England Resource Center for Higher Education）建议在教师绩效评价和发展中院长（系主任）应发挥以下作用。首先，院（系）在教师招聘决策中应发挥最为重要的作用。很多高校都非常强调教师招聘的关键作用，而不是靠漫长的终身教职评审来评价教师。因此，在招聘过程中院长（系主任）的作用就非常关键。院长（系主任）应该将所在院（系）的文化特点与应聘人员进行对比，提出具有针对性的问题，判断应聘者是否能够与院（系）的文化相适应，是否能够承担起机构的使命。其次，在制定教师绩效评价政策和程序时，院长（系主任）要组织制定符合本院（系）发展的政策，同时也要促进教师专注于自身的发展。良好的评价制度要能够反映出教师工作的复杂性，还要促进教师个人特性的发展，促进教师之间的合作，促进教师的职业发展。院长（系主任）要保证所有教师都明确了解在聘任之初和职业生涯的整个过程中的评价内容，以便让教师认识到努力的方向，并尽量为教师提供职业发展的机会。通过提供教师绩效评价指南等文件，使教师清楚了解评价内容。院长（系主任）应鼓励教师积极参与绩效评价活动，组成委员会，制定相关的衡量标准。传统的绩效评价可能会忽略教师修改课程等创新工作，这需要院长（系主任）在评价过程中关注教师的工作。为可以被聘为终身执教的教师提供职业发展指导，使他们的工作与院（系）发展目标相适应。建议在年度教师绩效评价中应指导终身执教的教师为终身教授评审做好准备。院长（系主任）还应该客观对待学生对教师的评价，进行全面分析，对于那些学生评价较低的教师，应允许其进行自我评价。再次，院长（系主任）应为教师发展创造各种机会。为了使教师能够达到评价标准，院长（系主任）应通过组织工作坊等途径，促进教师的发展。最后，院长（系主任）还应通过各种措施，重视终身执教后评审促进老教师的职业发展，尤其是通过各种途径使即将退休的老教师重新焕发活力。

管理人员参与教师绩效评价，将有利于对教师个体的评价与大学自身的发展目标相协调。大学管理人员在制定教师绩效评价制度时，一般都应将大学作为组织的发展战略与具体的教师绩效评价原则和标准联系起来统筹考虑，并将教师评价的过程与大学的战略规划密切联系在一起。谢利曾将这种将组织战略与个体绩效评价相联系的评价方法描述为雇员管理的战略途径。墨菲等人则将评价视为一种建立在“对话”和“多视角”原则之上的目标指向的沟通过程，其目标旨在促进组织战略规划的实现。成功的教师绩效评价方案，体现在方案在真正的评价实践中是有效的，也体现在是否能真正促进院校发展。因此，从大学管理者的角度来看绩效评价问题，将有利于教师发展与大学发展相协调，从而避免其他主体对教师绩效评价观点的偏狭性，使教师成为组织中的一员，有利于教师将大学使命与自身发展相结合。

四、专家的角色和作用

专家在教师绩效评价中扮演着规则制定者和仲裁者两种角色。一是在教师绩效评价制度形成过程中参与制度的设计与制定。如在绩效评价指标的选取过程中，有些大学会通过德尔菲法征询专家意见，最终形成评价指标体系。在制定教师绩效评价相关政策过程中，要吸纳专家的意见，形成由专家组成的专门委员会，建立教师绩效评价制度。二是在教师绩效评价实施过程中，校内专家和校外专家要对教师的教学、科研、服务等方面的业绩进行同行评议，尤其是对教师的学术成果和学术水平进行评价。这里重点讨论专家作为同行评议者，在教师绩效评价中发挥的作用，即讨论专家是如何作为同行评议者在教师绩效评价中发挥作用的。

同行评议制度最早发端于 17 世纪的英国。作为学术活动的一种重要评价方式，同行评议目前在科学决策、分配学术资源、教师评聘中发挥着重要作用。在美国，很多大学一般都在教师聘任、评价和晋升中采用同行评议的做法，尤其是在终身教授的聘任中，聘请校外知名专家进行评审，与校内专家组成的评审委员会的专家评价相互补充，以便对教师的学术水平等方面进行科学、合理、公正的评判。为了保证同行评议的公正性，有些大学规定由校内专家组成的终身教授评审委员会成员必须具有终身教授职位，规定校外专家必须是本领域或相关领域的著名专家。终身教职评定中，对同行评议的程序的履行方式还有特殊要求。如必须有一套进行同行评议的标准和程序、保证所遴选的专家在学术上的权威性、有一定的对同行评议进行有效管理的机制等。正是由于这些严格的标准和程序，保证了校外专家的专业化水平和能力，使得这些校外专家的职业判断要比校内专家所组成的委员会的评判更为可信。

我国大学也普遍采用同行评议的制度进行教师绩效评价，强调在评价中必须有校内外同行专家的评判，以保证评价的学术性和专业性。

五、评价机构的角色和作用

在一些情况下，有些大学还通过专门的校外评价机构，负责对本校教师进行绩效评价。这种由评价机构进行教师绩效评价的做法，在某种程度上克服了在学校内部组织的评审中可能会出现的偏见和刻板印象的现象，更为客观公正，但也会产生校外评价机构对大学本身的发展目标、院校使命没有深入了解，所进行的评价与大学发展目标不相切合的现象产生，不能将教师绩效评价与大学的文化特点相结合，甚至出现与院校文化相悖的情况。评价机构通常也不关心评价结果的具体运用情况，不能有效、及时地通过对教师绩效评价结果的分析，帮助教师发现问题并制订相应的教师发展计划。美国一些高校，尤其是专业化较强的院校，为了节省财政支出，提高管理效率，会邀请一些外部评价机构对教师绩效进行评价，但在中国大学中则很少采用外部组织对教师进行评价。

第二节　评价主体间的关系及协调

一、评价主体之间的关系

在教师绩效评价中，教师、学生、管理人员、专家及外部评价机构这些主体之间的关系可以概括为：教师是评价对象与核心，学生是评价教师教学的关键，管理人员是评价的组织者和协调员，专家是绩效评价体系的构建者和行使学术判断权力的仲裁者，外部机构参与教师绩效评价则是评价主体多元化的体现。然而，在我国大学教师绩效评价的实际操作中，这些评价主体之间的关系并没有得到很好的处理。

第一，教师作为评价主体的核心地位没有得到保证。在教师绩效评价制度的设计与制定过程中，没有能够很好地提供教师参与的渠道和机会，缺乏教师的声音。在对教师的访谈过程中，有些教师认为，虽然相关制度的制定和实施要通过教代会讨论，但只是走过场，而教师的声音没有真正得到倾听。

第二，学生作为教师绩效评价的主体对教师教学评价的作用和局限性没有得到充分认识。目前，我国大学一般都采用学生评价的方式对教师的教学进行评价。采取单一的学生评价的方式对教师的教学进行评价，在某种程度上能够使那些教学优秀的教师脱颖而出，能够甄别出教学水平，而对于其他教学水平一般的教师来说，则很难区分出其差异。有些大学虽然有同行对教师的教学进行评价，但一般都是走过场，而没能将这些评价结果真正用于教师的职业发展。因此，在教学评价中，应采用教师自我评价、同行评价和学生评价等多种形式，并辅以教师档案袋等手段，才能有效评价教师的教学能力和水平。

第三，管理人员的权力过分集中，缺乏与被评价教师之间的有效沟通。在教师绩效评价制度的设计与制定过程中，一般都是由大学的人事部门提出评价方案，交由教师讨论，形成学校关于教师绩效评价的政策和制度，再由各个学院或者系根据学校政策制定相应的部门评价政策和标准。虽然，从原则上来看，将制定具体评价标准的权力已下放到学院和系，但事实上，学院和系制定的政策和标准还要接受学校人事部门的审核。整个评价制度的形成和实施，还是以一种“由上而下”的形式进行的。此外，在评价过程中和评价结果产生之后，管理人员与被评价教师之间缺乏面对面的有效沟通。尤其是缺乏评价结果的反馈，管理人员很少能够根据评价结果，与教师进行探讨，制订相应的教师职业发展计划。

第四，在绩效评价制度的制定过程中没有有效地发挥专家的作用。专家作为教师绩效评价的主体，在评价制度的制定以及评价的实施过程中都应发挥其应有的作用。目前，我国各大学在制定教师绩效评价政策时，虽然都形成了校级以及学院或系层次的学术委员会负责制定相应的政策，但学术委员会的成员一般都是校一级领导，或者学院层次的领导，并没有真正地组成由学术专家组成的学术委员会。有些大学开始改革校一级的学术委员会的人员组成，有些大学的校长宣布退出校一级学术委员会，这是真正发挥学术专家作用很好的开端。

第五，没有引入由校外机构进行评价的机制。目前，我国的大学中一般都是由大学内部组织进行教师绩效评价，没有引入校外机构评价机制。如果能够在评价的某些环节中引入校外评价机构的评估，会使评价更为客观，使评价工作不仅局限于一所大学本身，还能够通过与其他大学的比较，改进本校的教师绩效评价工作，制定相应的教师发展政策和措施。

二、评价主体之间关系的协调

为了更好地发挥各主体在教师绩效评价中的作用，需要协调好各主体之间的关系。以围绕教师开展，从一切有利于大学发展、有利于教师个体的发展出发，协调不同评价主体之间的关系。保证教师参与到教师绩效评价制度的设计与制定过程中，这是实施教师绩效评价制度的前提条件。在此基础上，应建立被评价的教师与管理人员之间的有效沟通机制，英国剑桥大学等大学中的发展性教师绩效评价制度为我们提供了很好的经验。在英国教师绩效评价过程中一般采用“评价面谈（appraisal interview)”的评价方式进行，使被评价教师与评价者之间能够一对一地进行面对面的交流与沟通，能够就教师的优势和存在的问题达成共识，有利于进一步对教师的职业发展提出建设性的建议，指导教师的进一步发展。应正确看待学生评价的作用，使学生评价既能够有利于促进学生的学习，同时也能够及时为教师提供反馈，使教师能够及时了解自己在教学中存在的问题，了解学生的需求，从而改进教学。适当引入校外评价机构的评价，使评价更具客观性和全局性，更为专业化。

总之，在教师绩效评价的设计与制定以及制度的实施过程中，应充分发挥不同评价主体的作用，实现各主体之间的有效沟通和协作，使评价能够真正促进教师个体的发展，激发教师的工作热情和创造力，提高教师队伍的整体水平。

第三章　各类课程教师绩效评价研究

本章主要介绍了各类课程教师绩效评价研究，其中包括艺术类课程教师绩效评价、在线课程教师绩效评价以及跨学科研究与教师绩效评价三部分。

第一节　艺术类课程教师绩效评价

绩效评价的理念源于企业管理，因此，将企业运作中的管理学的理论应用于高校教师绩效评价过程中，应充分关注高等教育机构的特殊性以及高校教师工作性质的特殊性，尤其是在对艺术类教师的评定中，更应该关注教师在艺术创作和艺术教学实践中的特殊性，制定切实可行的评价制度，进行科学有效的教师绩效评定工作，以充分发挥教师的创造性和积极性，提高教师的教学和科研水平，培养具有创造性的学生。事实上，高校艺术类教师绩效评价问题一直是教师评价中的一个难题，而科学合理地评价教师绩效，不仅能够激发艺术类教师的工作热情，也是保证艺术人才培养质量的前提。国内艺术院校与国际艺术院校均注重教师绩效评价体系的形成与发展，通过对其优劣进行具体剖析可以发现艺术院校教师在绩效评价层面所呈现出的具体特质，这使我们能更准确地概括出高等艺术院校中教师成绩与成效综合发展的水准、现状以及接下来应解决的主要问题，为我国艺术院校教师绩效评价以及各类高校中的艺术类教师绩效评价提供参考，提高我国艺术教育水平。

一、国外艺术类教师绩效评价概览

（一）美国艺术类教师绩效评价状况

1. 美国高校艺术教育现状

美国文化产业非常发达，高等艺术教育也保持国际较高水平，这与其高效科学的绩效评价体系和采取积极的教师发展机制密切相关。

通过对美国本土学科齐全、办学规模宏大、科研实力强劲的综合类高等学府和专门培养艺术及含有艺术性质的各专业的院校考核其教师绩效评价制度的案例来看，分析得出的结果可以有利于了解美国艺术院校教师绩效评价的具体路径、途径和特征。美国第一所专门培养艺术的院校是宾夕法尼亚州美术学院(Pennsylvania Academy of Fine Arts)，目前美国高等教育教学形式无非两种，一是在综合类高等学府之下设立学院，如哈佛大学设计研究所；耶鲁大学的艺术学院、音乐学院、戏剧学院；新墨西哥大学艺术学院；纽约大学提斯克艺术学院等。二是专门设置的专业学院，这些专业学院强调对学生从事某一行业的能力的培养，专攻艺术、音乐、设计等领域的学习。这类艺术院校的数量繁多，学科设置种类多样，为学生搭建专业平台，学生在这里不仅能学习到专业知识，也能受到良好的通识教育。如罗德岛艺术设计学院、芝加哥艺术学院、美国电影学院和茱莉亚音乐学院等。

美国高等艺术教育体系较为成熟且秩序井然，这与从事于艺术院校教育行业中的服务型职工的努力是分不开的，而在科学有效的教师绩效评价体系下形成了高涵养、高素养的教师团队。因此可以看出，美国各大高校对从事艺术专业的教师所实行的绩效评价体系有利于提高教师队伍的整体水平，其路径、途径均合理有效。

2. 美国高校艺术类教师绩效评价体系发展情况概述

建立教师成绩与成效综合评价的目的在于通过建立起合理有效的评价机制以构建起对教师行为优劣进行判断的平台，从而可以明晰地看出各个教师的长处及劣势。教师评价作为一种教育活动自苏格拉底时代就存在，但在美国 20 世纪 60 年代后才形成体系。早在 20 世纪 20 年代由杜威最先开始倡导进行教师评价活动，这与当时占主导地位的进步主义教育运动密切联系在一起，主要关注对教师教学方法的评价。随着教师评价的逐步系统化，评价活动更多地关注教师的个人素质，强调教师教学水平和个人素质的提高，强调教师的教学效能。目前，美国高校主要从教师的教学、研究和服务等方面对教师绩效进行综合评价。

美国本土的高等学府类型较多，大多是为综合类高等学府，相比较而言，综合类高等学府的教师绩效评价体系的规章制度更为完善、行为准则更为合理，是极具代表性的教师绩效评价体系之一。美国加州大学的教师绩效评价体系可以作为模板进行参考，其分级从高到低主要为教授、副教授、助理教授及讲师。这些头衔授予在大学各分校进行教学、研究、为大学和公共机构服务的学术人员。除了教授系列，大学还有很多针对其他系列的教师进行绩效评价的评价程序和标准，如临床教授、住院教授、兼职教授、代理教授、专职研究人员、专家等系列。负责教师绩效评价的机构主要有特别评审委员会（review committee）和学校人事委员会（Committee on Academic Personnel，CAP）。前者通常是由后者因绩效评价需要而临时成立的，CAP 是学校的常设机构。从具体的评价程序来看，教师的绩效评价首先从系开始。系主任与候选人沟通、收集用于评价的文件，并通过全系范围的讨论和投票，将结果送至院长或其他相关行政人员。随后，这些评价文件将被送至特别评审委员会，该委员会由学校人事委员会成立。特别评审委员会的大多数成员是系以外的教职人员，其成员名单是保密的。

美国不同院校系对于教师绩效评价体系有所区分，其特点、要求、准则因地制宜，也具有一些共通点：第一，各个高等学府都拥有相对完整成熟的教师绩效评价条例，针对教师的成绩和成效有着明晰的审核规范、准则和流程。第二，教师绩效评价旨在保证教师团队的质量，在一定程度上推动促使教师这一职业发展。为了保障教师的学术自由，保障教师质量，很多高校都实行终身教职制度，这是美国高校教师聘任和评价制度的突出特色。第三，教师绩效评价的评审程序公正，并确保教师有申诉权利。一般来说评审程序从教师自我评价开始，经过系、院、校三级，通过多层评价和评审方能生效。第四，从评价标准上看，虽然各院校存在办学差异，但基本方面是一致的，均包含教育教学工作、科研工作、服务等三方面工作的评价机制。

通常情况下，综合类高等学府中艺术学院、系所针对教师绩效评价的准则、流程和标准与其他学院、系所、领域的教师评价大体相同，唯一不同的是，艺术类教师的评价体系中对研究和创新创造性工作有着较高的要求。在艺术创造成果的教师绩效评价中，不仅要注重其规范、流程和准则，也需要从作品的归属权、创新度、饱满度、表现出的深度和广度等方面加以评价，因此对艺术类教师原创性或改进性的工作需要给予认可和一定重视。美国文化产业之所以长盛不衰归功于各大知名的艺术类院校对其输入源源不断的优秀人才，并对艺术学科的发展作出了不容忽视的努力，这与艺术院校的教师人才管理和评判审核机制是离不开的。

具体到这些艺术院校的教师绩效评价，与综合性大学的艺术类教师绩效评价相比，还有一些特殊之处。为此，本节通过对美国电影学院（the American Film Institute）和芝加哥艺术学院（School of Art Institute of Chicago）等艺术类院校的教师绩效评价进行案例分析，可以对美国艺术院校的教师绩效评价有一个较为全面的了解。

（1）美国电影学院教师绩效评价的案例分析。

美国电影学院（American Film Institute）建于1967年，是加州上的影视基地好莱坞通过美国国家艺术基金（the National Endowment for the Arts）投资而设立的，旨在培养大批出众的影视巨星和为电影奉献终身的工作者，挽救美国电影文化所处的危机，被誉为“电影人的摇篮”，为电影业培养了众多优秀人才。美国电影学院一年有3 000个不计算学分的表演课程供人选读，这要学生不仅理解知识，还得亲自实际体验，并了解团结合作的重要性。该校的教师绩效评价制度具有其独特性，与大学平齐的以实施单一性专业教育为主的学院拥有师资60余名的同时聘请大量出众的电影工作者兼任教学工作，为学生主要提供两年制研究生教育教学。该校规模较小，通过小班授课，每年毕业生仅有140余名。

美国电影学院的教师成绩和成效综合的评价始终秉承着艺术、学术双自由的准则。学校和教师签订以年为单位的协议，在每年年末学校会对每一位教职工进行评价审核，并根据其结果决定下一年是否与该教师签署续任合同或是解聘。教师主要分为全职和兼职，而全职是院校的中流砥柱，分为住院电影人（Filmmaker-in-Residence）、高级住院电影人（Senior Filmmaker-in-Residence）、大师住院电影人（Master Filmmaker-in-Residence）和杰出住院电影人（Distinguished Filmmaker-in-Residence）四个等级，通过举办较高水平的研讨小组和工作坊以进行授课、指导和询问等方面的教学工作和艺术实践活动。非全职教师也要参与到招收学生、课程发掘利用、委员会服务等相关活动中去，分为高级讲师和杰出讲师两个等级。学院最高负责人通过收集整理教师成绩和成效方面的相关资料对其绩效进行评价。除此之外，在一些特殊情况下还有一些其他因素。对兼职教师的绩效考核评价是学院最高负责人及学科负责人和住院电影人共同探讨学生对教师评价结果所得，其结果的纸质版材料通常不会由受评人本人过目，一般会通过开会的方式告知兼职教师并针对其中的问题探讨出相应的整改方案，而后整理好评价的数据交由系所主要负责人或学科负责人，由他们对结果进行探讨和总结归纳。最后，结果需要提交到同行评审委员会进行评价，由于同行委员会是独立于院校的且具有一定的专业知识，故此得出的结果较为科学合理且客观，根据最终结果，决定教师的去留和升迁。

教师成绩与成效综合教育教学评价、教师参与度与贡献值等方面是有相应的评价细则规定的。早在 20 世纪 90 年代美国学者博耶第一次对“教学的学术”这一概念进行归纳总结，得出教育教学是教师学问研究工作中较为重要的组成部分。由于美国电影学院的办学宗旨是“保护美国电影传统，促进其艺术发展”，故此高度认真对待学校对教师教学成效的评定。在美国电影学院，学生一般被称作“学员”。在每一门课程的末尾，学生都会填写并上交对授课教师的教学评价等级评分，整理而后存入档案。院长、执行副院长、学生事务管理院长和相关学科负责人就学生评价的结果分别进行分析并展开探讨。具体评价内容主要包括：是否与其他教职人员为实现目标而积极合作并努力；是否参与学科建设和学院的各项活动；是否在岗位上保持工作热情并不断努力；是否遵守学校的政策和制度；是否具备解决问题的能力。

（2）芝加哥艺术学院教师绩效评价的案例分析。

芝加哥艺术学院（School of Art Institute of Chicago）建校于 1866 年，是美国顶尖艺术学院之一，被《美国新闻》和《世界报道》评为全美最佳美术类研究生学院。目前，该艺术学院创建了 16 个新学科项目，包括建筑硕士、建筑硕士（室内设计专业）、设计硕士（产品设计专业）、历史修复科学硕士、美术写作、美术写作本科等，共有 3 个系，学校师生比约为一个教师教授 12 个学生，其中包含本科生和硕士生。教师绩效评价机构为教师合同与终身任期评审委员会（Faculty Contract and Tenure Review Board）。该绩效评价机构由 11 名教师构成，其中包括正规的 9 名全职教师和 2 名补位教师，一届为 3 年制。芝加哥艺术学院的教师绩效评价分为全职教师评价和兼职教师评价两种。

对专门担任教师职务的教师来说其绩效评价体系由上至下可分为教授、副教授、助理教授等等。在这一环节中，系所主要负责人将会通过信件推荐的形式将评价和审核的意见及投票结果一并总结出来。与此同时，这份结果意见文案将会一式三份分别交付到教师签署的合同中、在位评审委员会和学院最高负责人手中。学科带头人也会拟定结果意见文案，文案正本存档，除正本外的本子将会一式四份分别递交到教师签署的合同中、在位评审委员会和学院最高负责人手中及相关参与的教师手中。教师聘任协议和聘期可以延续到退休的教职工评价审核委员会对收到的结果意见文案进行审批核实，并通知被确定为选举对象的人员参与面试。面试通过者经过审批核查一切有关于评价和升迁教师的材料之后，系所主要负责人通过信件推荐的形式将结果递交给学校主要负责人，学校主要负责人确认无误后将决议书交由校董事会实施，该教师在外界有一定的知名度和认可度是能否成为延续到退休的教职工评价与审核的主要因素。

该校之所以极为注重非全职教职工价值的评定是因为芝加哥美术学院自身聘请任用的兼职教师较多，处于教师整体队伍的质量来考察，需要对其有严格细致的评价标准。经过系所或部门一致决议，该系主要负责人或项目主要负责人将投票决议出的候选人名单提交至学院主要负责人。学院主要负责人需要同其他学院负责管理的同事和兼职评价审核委员会共同审核决议，作出提交申请的兼职教师最终是否可以升迁的意见。非全职的教师成绩和成效综合的评价体系分级明确，包括新任兼职教师、兼职助理教授（有 3 年以上工作经验或处于相同层次的经历）、兼职副教授（有 5 年以上工作经验或处于相同层次的经理）、兼职正教授（经由相关部门提名认证）。评价准则包含教师需要在教学方面取得良效、参与到专业学术学习和研讨之中。

3. 美国艺术类院校教师绩效评价制度分析

绝大多数美国的艺术类学府制定和遵从的教师绩效评价准则核心是相同的，都注重学术和艺术上的双重自由，都注重杰出非凡。

其一，教师成绩和成效综合评价的目标。该评价体系的设立主要是为了让教师这一行业在职业、职位的发展变化以及职业目标的实现过程的根基上建立起不以人的意志为转移的公正合理的价值系统，也就是在聘请任用、升迁、涨工资等人事方面皆有而科学有效的流程和根据，能够更好地保证教师团队的质量。

其二，教师成绩与成效综合评价的主体。高等学府的教师绩效评价种类繁多，包括教师自身评价、同行间盲审、评定审核委员会决议、院系负责人评定以及学生意见等。

其三，教师成绩与成效综合评价的形式。教师成绩与成效综合评价的形式多种多样，结合各艺术学院的各种评价形式来看较为常见的形式主要有年度、连续任期和升迁以及终身教授等评价方式，通常说来没有实施终身教职体制的院校会实行前两种评价方式即年度、连续任期和升迁的评价准则。其中年度评价主要是对教师一年以来针对学术知识所做出的努力进行汇总式评价，通常由教师自身、同行间、学生评价三部分组成，最后由系所负责人做出汇总评定决议进行存档留存以作为未来的人事资料。其中连续任期与升迁方面的评价在美国成绩与成效综合方面的评价中占据较为重要的位置，由于美国各高等学府大多实施教师聘请任用或合同协议制，任用期满或合同到期后教师的去留主要依靠其过去乃至现在的评价与审查核实，继续聘请的教职工通常也会升迁。另外，美国许多学府的教师一经聘用其聘期会延续至退休，但其审核要求更高、更严格，是保障教师质量的主要评价体制。

其四，教师成绩与成效综合评价的内容。相比较而言，艺术类专业学府与其他学府的绩效评价内容有所不同。大多美国高等学府的绩效评价内容主要有教育教学、科学研究与服务工作三方面，但艺术类专业学府的教职工大多不从事科学研究工作，而是需要投身于更富创造性的工作如艺术制作与创作等。艺术类专业学府所注重的教师教学水平与能力、方法与策略不是孤立的，而是需要与其艺术创造力和该校办学观念紧密相关是，需要教师积极投身于专业化的实践活动之中以便更好地推动学校在这一学科上的发展和声誉。

其五，教师成绩与成效综合评价的流程及准则。教师成绩与成效综合评价的流程需要根据其教师成绩与成效综合评价的形式规定，其年度评价和连任、升迁的评价流程均有差异。就年度评价而言，通常以系所为划分单位，教师本人先成交年终总结，其中包括本年度的上课情况和参加活动的相关证明，而后由评价审核委员会针对教师上交材料加之汇总给出关于该位教师的本年度的大体评定结果，最后上交至系所负责人做最终核查定夺。连任与升迁的流程较前者复杂许多，需要经由系所、学院、学校三级流程。起初先由系所进行初步筛选，符合要求的候选人提交相关的申请连任与升迁的材料，系所主要负责人结合本学科其他教职工的想法推选出最佳候选人人选，进而上报给学院一级；而后学院负责人召集学院级别的审查委员会进行探讨并投票，以选票为最终结果形成学院一级最佳候选人上报至学校一级进行最终的审查核实；最后，校级委员会审查核实候选人上报的材料、系所和院级评价委员会根据讨论结果、报告等内容提出客观合理的评价建议交给校级负责人，校长作为校级最高负责人签字许可后由校董事会作出最后决议。

根据上述美国综合类高等学府中艺术类教师成绩与成效综合的大体情况的分析，以及案例中所呈现出的美国艺术类院校教师成绩与成效综合的评价内容来看，不难发现，美国艺术类院校针对教师绩效评价体系所具有的特性如下。

第一，教师绩效评价规划应当与院校发展策略贴合。艺术类学府和综合类高等学府中的艺术学院及其系所应该以学校发展前景为主线，结合院校发展的战略规划制定出具有自身风格和特色的评价体制。在艺术类教师绩效评价中展现出学术、艺术双自由的风采，并且也始终秉持着严密的评价流程和规章制度。

第二，教师绩效评价的体制机制应该灵活多变。针对美国高等教育呈现出的多变性特点以及不同类型的院校所具有的特有的历史传统和办学观念，不同的院校在教师绩效评价的内容选取上也应该按照学校办学性质和观念所选取，就像大学侧重对教师科研能力及成果的评价一样，艺术类院校比较重视教师的应用能力和创新能力，鼓励教师能参与到专业实践当中。同时，由于教师的社会实践参与度较高，评价内容并不局限于在校内的表现，也包括校外的实践经历以及获得的荣誉与认可，外界评价也成为艺术院校重要的评价方式之一。这要求具体的评价标准要具有灵活性。可以按兼职教师和全职教师划分，也可按照不同专业教师特点进行划分，或者按照年度评价或晋升评价等不同形式划分。

第三，教师绩效评价是教师职业生涯发展的根基。美国艺术学院的教师评价体系正是一种以评价促发展的道路。其一，艺术院校在评定价值的过程中高度重视教师的生涯规划合理性及未来发展，注重教师发展的持久性。其二，评定价值的体系着重在于教师的个人与专业价值这一方向上，处于艺术类教师的特殊性，极其尊重教师的艺术自由及个性自由。其三，评定价值的过程以启迪和引路为主要目的，并不是只有对教师的规范化和约束，更多强调的是一种鼓励的正向机制而非惩罚机制。

第四，在教师绩效评价中注重社会各界外部的专家评价。外部评价机制能保证其客观合理性。美国艺术院校共有两种外部评价机制：一是系所负责人委托校外相关评估价值的机构代理评价学校教师，由校外机构生成的评估价值的汇报将成为教师绩效评价的主要根据。二是在教师的绩效评价中会采取部分社会专家和业内有一定影响力的人士提出建议和意见，将其作为评定教师价值的参考部分。如此一来便形成了一种以内部评价为主流，以外部评价作为辅助的评价模本，与仅依靠内部评价的模式而言更为合理且公平，更为客观和具体，是目前高等学府教师成绩和成效综合评定的主流趋势之一。

（二）日本高校艺术类教师绩效评价

1. 日本高校艺术类教师绩效评价发展概况

日本有很多著名的艺术类院校，还有很多国立短期艺术类大学，其进行专门的艺术教育。这些艺术类院校都有良好的教师绩效评价体系，通过严格的教师筛选和评价，保障教师的质量，以提高教师的创造性，从而保障院校教育的质量。日本高等学府创立艺术类教师成绩与成效综合评价的体系机制开始于 1980 年以后，目的是日本政府规定和制度的和缓与自我规划的制度、深化高等学府对社会责任感和使命感的认知、致使日本高等学府走出国门走向国际等高等教育的发展趋势，于是便引入了高等学校评定价值的体制机制。1991 年，任职于日本文部科学省的官员修订了高等学府设定的基本标准，为了保证高等教育研究的质量，各个高等学府开始主动实行自我反思与批评，这标志着日本高等学府中教师绩效评价机制正式引进。1999 年，日本文部科学省正式设定成立高等学府评定价值机构，确立了第三方评价机制体制实行的评价体制，目的是提升大学中的非一般大众化、改善教研工作并且进一步提升固化高等学生自查、自评、自省的能力。2002 年，日本相关部门修订学校教育法，进一步确立了认证评价的体制机制。2004 年发展进步较大，日本的高等学府继续丰富完善认证评价的体制机制。自 2004 年以来，随着国家直属大学向高等学府独立法人化转变以及相关学校教育法条的修订整改，以教师聘请任用制和以年度为单位发放薪资的体制为主要代表的大学教师人事制度也在相应的变化发展。其中高等学府引入教师评定价值体系的根本目的是要遵循以人为本的理念即以学生为本的推进式教育教学手段加之学术发展的观念，合理客观地依照评价准则行事可以有效地运用评价的模型、技术、手法、手段使教师在成绩与成效中的评定流程和结果与教师聘请任用、薪资分配、培养培训升迁等人事管理内容密切结合，以便实现教师队伍人才资源的合理调控，在保证高等学府自身目标实现的同时也可以推进高等学府的教职工专业化、自主化、全面化发展。在这里，以武藏野美术大学和东京艺术大学为例进行分析。

2．日本艺术类教师绩效评价案例分析

（1）武藏野美术大学的教师绩效评价状况及特色。

日本武藏野美术大学（Musashino Art University）是一所私立大学。其前身为帝国美术学校，创立于20世纪20年代末。20世纪40年代末日本帝国美术学校更名为武藏野美术学校，于20世纪60年代初破格升级为武藏野美术大学，是日本本土为数不多的私人建立的美术单一学科的高等学府之一。武藏野美术大学设有三大专业，其中包括美术专业、设计专业及生活设计专业。招收本科大学生学制为四年制以及研究生。本科生学习课程有：日本画、油画、雕塑、视觉传达设计、工业设计、空间设计、摄影、基础设计。该大学有明确的教师绩效评价制度，对保障大学的师资质量具有重要意义。

武藏野美术大学有明确的教师绩效评价目标。大学根据“武藏野美术大学任教学校法人所使用的标准”和“促进教职工发展标准”，规定院校所需教师员工的数量，一般应适应教育和研究的要求。在招聘教师、晋升、辞退等方面，根据教师的评价记录和大学的评价标准，采取公平和适当的方式对教师进行绩效评价。根据大学教师聘用标准，任何人大学毕业后1年或者有更长工作年限的人员都有资格应聘该校教师。对于有5年以上工作经验、对教育的专业知识领域有丰富经验者，在教学、科研等方面表现优异者，需要推荐人推荐给大学人力资源委员会，需要有推荐人的推荐信和候选人的工作记录和出版物，通过一定的程序，由委员会进行评定，决定是否聘用。在教师晋升评价过程中，也需要根据教师的上述业绩进行评价。

武藏野美术大学建立之初，就非常关注艺术教育的性质，认为艺术教育的目的就是要培养学生具有创造性，从而成为真正的自由人。这一目标也是培养具有创造力的作家、艺术家和设计师的重要目标。教师应遵循这一目标进行教学和研究工作，这同时也是发展文化的重要途径。因此，该大学的一个重要特点是聘用了很多兼职教师从事教学和创造性活动。对于这些兼职教师，大学专门进行评价，评价办法与对专职教师的评价方法有所区别。

教师绩效评价主要是根据教师完成课程讲授和艺术创作的数量和质量而定。

主要关注教师教授专业课程的难度，对全职教师进行绩效评价时，还应关注教师教学的基本思路，是否具有创造性。也就是说，在对教师的教学进行评价时，除了关注授课数量，还应关注教师教授课程的理念和宗旨，关注不同的学生和院系状况，如本科生还是研究生等。在专任教师的绩效评价中，还应考察教师完成大型节目的情况。此外，还应考虑教师所开设的函授课程的数量和质量。

（2）东京艺术大学教师绩效评价状况及特色。

东京艺术大学（Tokyo National University of Fine Arts and Music）是位于东京都台东区上野公园的日本国立大学。主要目的是培养美术和音乐领域的艺术家，也多被简称为“艺大”。东京艺术大学培养了许多日本当代著名艺术家，其中美术学部是日本绝大多数著名画家、艺术家的摇篮。在日本国内被一致公认为日本最高的艺术家培养机构。东京艺术大学的良好声望，得益于该校优秀的师资队伍。下面简要地审视一下该校的教师绩效评价制度，在东京艺术大学的教师评价中，教师职位主要分为讲师、助理教授和教授三个等级。

该校在教师绩效评价中有明确的评价标准。教师在教育和研究领域取得一定的成绩，根据教师的学位，所学和教授的课程，研究项目、教育活动和社会的研究成果等，由教师提交记录，根据教师所提交的材料，对教师进行绩效评价，记录中还应包括明确的课程讲授情况记录，如讲座、演示的实践、教学创造和教学材料、教科书、教师的教学思路和理念等，也应该属于评价文件。担任多年大学全日制讲师，并在教学和科研等专业领域具有突出表现，工作年限超过 11 年的教师，可以晋升为大学助理教授。担任大学助理教授 2 年以上，并在职业教育和专业艺术教育领域具有出色的科研和教学方面的成绩，从业 18 年以上的教师，可以晋升为教授。此外，在教师评价过程中，还可通过访谈等方式，对教师绩效进行更为全面的评价，而不仅是通过教师简单地提供一些教学和科研成绩记录作为评价标准。评价中，除了考察教师在大学内部的表现，还非常关注教师在行业、公共服务部门、学术界的总体表现。在此基础上，对教师进行全面评价。

（三）英国艺术类高校教师绩效评价状况

教师评定价值其实就是根据学校的培养计划和方案以及教师应完成的最根本任务，运用现代教育评定价值的理论和实践路径对教师个人的教育教学及其科研质量进行价值评判的量化方式。教师评价本身并不是目的，而是一种手段，以求在促进教师专业发展的同时提高学校教育水平。一套优秀的教师评价体系的形成，不仅能够充分调动教师的积极性，而且能够提高全体教职工的专业水平。通过学习观察英国艺术类高等学府的教师评定价值的体制制度有利于革新我国正在运行的以奖励惩罚为根本目的的传统模式下的教师绩效评价体系。

1. 英国艺术类院校教师绩效评价发展背景

在西方现代艺术的发展长河中尤其在20世纪的发展中，英国艺术发展较快且拥有突出地位，此时英国拥有世界级别且为最高级别的博物展馆和画廊，并拥有较为发达的艺术教育体系。实际上，自1990年开始在社会技术发展进步的推动下，人们对于艺术教育拥有了相比于之前来讲不同且更上一级的认识。此时，各国从前单纯的艺术教育的方法逐渐被严谨的质量管控法所替代。因此学校在管理方面更加注重有效、客观，更加注重质量教学。正因为有了英国教师绩效评价体系作为基础，才可以更加广泛地剖析出英国艺术教育背后的教师绩效评价体系。长久以来，围绕奖惩性评价和发展性评价孰优孰劣的纷争一直存在，绩效管理评价制度作为前两种制度的有效整合，既强调教师的专业发展，又重视奖惩在评价过程中的作用，从而为教师个人的专业成长和学校教师队伍的可持续发展提供了强有力的制度保障。在这里我们可以对奖惩分明式评价以及面向未来的发展过程性评价作一个了解。

（1）面向过去的奖惩分明式评价。

奖惩分明式评价主要是为了对已经过去的事件进行奖励和惩罚的一种汇总性目标，以外在的奖励优秀者和惩罚错误者为主要内容，高度宣扬在教育教学过程中有突出成果和贡献的教职工，惩罚在教育教学过程中有过错或落后的教职工。奖惩分明式评价主要是为了通过教育监管者一方对教职工的监督管理与服务，形成一种专门对于教职工的奖励激励体制机制和惩罚监管的体制机制，以便保障学校教育教学监督管理工作的有效运行，保证学校内组织活动目的地实行与运行。

奖惩分明式评价主要是为了将评定教师价值作为学校管理的一种举措，将评价这一虚拟指标利用具体数据体现出来，以便对教师的教育教学水准进行整体或部分的考核与评定。但是任何事物都具有两面性，在宣扬奖惩分明式评价所激发出的正向能量时，其弊端也不容忽视。因为当教育教学的评价标准所得到的结论用于奖励或惩罚教职工时，教职工就会忽视过程而极度重视教学评价的结果，几乎所有的教师都会担心教学评价的最终结果与奖励和惩罚直接关联。因而大多数教职工对这种评价结果与奖励惩罚相互关联的做法提出质疑并感到恐惧、厌恶甚至将自己对其制度的抗拒广而告之，如此一来这一做法便偏离了教学评估价值的最初目的，也直接影响了校领导与教职工之间、教职工这一主体间的关系，甚至间接影响教师与学生之间的关系。

奖惩分明式评价目的是建立以泰勒等人创立的“科学管理理论”作为根基，该理论核心思想就是视人为“经济人”和“机器人”。奖惩分明式评价目的的传播运用得益于查尔斯·博比特，他致力于将企业的管理理念与实践方法移栽到教育教学领域中。

奖惩分明式评价目的所做出的最大努力则是让教师的教育教学活动有章可依、有规可循，虽然目前就奖惩分明式评价目的仍议论纷纷，但其形成的规范化、科学化、合理化的评价体系也改善甚至克服了由人治理的自主性、随意性，仍然在很大程度上助推了教师教育教学成效的提升。

（2）面向未来的发展过程性评价。

面向未来的发展过程性评价是不同于奖惩分明式的评价，它面向未来，注重中间环节，依据教师自身素养和实际工作中的点滴表现，注重教师个人的专业知识水平与能力的发展，针对教师评价过程中所显现出来的不足为教职工提供具有极强的专有所指的培训活动以推动促进教师自身进行自评、自省、自我发展与自我成长，在不断提高自身教育教学水平与能力的同时，能够真正实现促进教师间的个性化、特色化发展以及学校整体教育教学水平提高的评判标准。

面向未来的发展过程性评价主体是全体教职工，其主要是为了推动促进教师专业水平和能力的发展，使教师在学校的主体地位得到进一步巩固和确立，消除之前的教师在奖励惩罚性评价中的警戒和无意识攻击的心理，使教师在成长道路上均能获得充足的认可与满意度，欢快进取的氛围贯穿评价过程的始终。

面向未来的发展过程性评价的操作与实行在英国认可度较高。这种评价方式极大地鼓舞了教师与教师的良性竞争和学习热情，大多数教师都认为在高等学府实行面向未来的发展过程性评价是有必要且有收获的。

（3）奖惩分明式评价目的与面向未来的发展过程性评价的区别。

奖惩分明式评价目的与面向未来的发展过程性评价是教育评定价值发展历史

长河中不同历史时期的不同产物。由于二者目的、方向各不相同，在主体对象、内含和路径上也各有千秋。

其一，效能趋向不同。世俗的奖励惩罚性评价主要是为了审查区分、挑选出教师队伍中的人才，普遍的表现形式主要有“奖优罚劣”“奖勤罚懒”“优胜劣汰”“末位淘汰”等形式，该评价体系作为一种外在能量存在者，通过物质和精神方面的效益使教师在工作中受到鼓舞和约束。而面向未来的发展过程性评价主要是为了更新发展，始终秉持以人为本的评定价值的标准，坚持得到的结果不与奖励与惩罚相结合，其主体是全体教职工，对其进行评定价值而后引起全体教职工的号召和认可，从学校内部激起教职工的热情，充分调动其主观能动性，在和睦、轻松的气氛中不断进取，提升自己的教育教学水准。

其二，两种评价目的的主体不同。奖惩分明式评价目的主要体现其管理职能，直接主体是学校，学校通过教育教学评定价值的活动对教师进行监督管理。面向未来的发展过程性评价主要体现其开拓发展职能，直接主体是教师，通过教育教学评定价值的活动发现其不足并加以改进达到提高教师教育教学水准的目的；与此同时，学校也是面前未来的发展过程性评价目的的间接主体，教师教育教学水准的提高有助于推动学校整体教育水平的发展，推动促使学校进步。

其三，两种评价目的的流程不同。其中奖惩分明式评价目的的实行多半采取定时定点组织，通过一次或几次的教育教学活动来评价预定教师的教育教学水准，采取对问题不作具体分析的做法处理，但是这种做法是静止的，其只关注某一时间段教师的表现而忽略了教师将来的发展状况。如此一来，奖惩分明式评价目的经常被认作是僵化的、只重视后果的评价手段。面向未来的发展过程性评价是搭建在对评定主体的科学认知以及教育教学的更上一层的领悟之上的，在具体操作中较为注重评定价值主体的多样性、评定价值内容的合乎常理性、评定价值手段的创新性与评定价值功能的流动性等，这种评价目的注重对教学进程中的发展性评论，注重教师自身教育教学质量的提升为其未来成长提供辅助和引导。

纵观以上针对两种评价目的的分析可以看出对于高等学府而言，运用奖惩分明式评价目的是有序管理教师团队，而运用面向未来的发展过程性评价目的是提升和推动学校整体教育教学水平达到质的飞跃。通常来讲，高等学府在实行奖惩分明式评价目的时是径直的，而在实行面向未来的发展过程性评价目的时需要其他手段加之辅助，需要通过教师这一中介提升自己的各项能力时学校整体水平才能得以发展。因此，对于教师而言，应该主要运用面向未来的发展过程性评价以提高教学能力与水平，而奖惩分明式评价目的只是一种工具（图 3–1–1）。

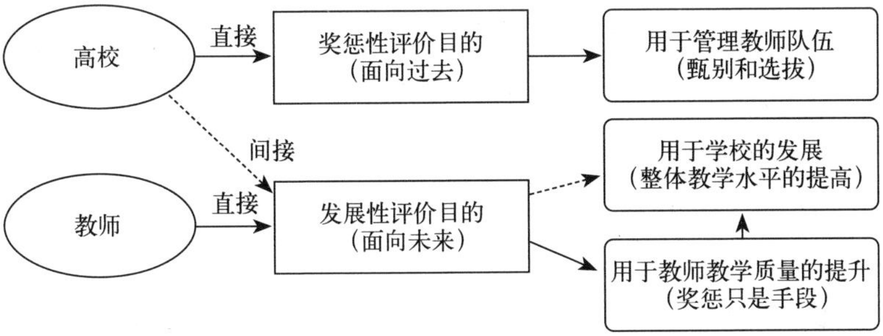

图 3–1–1　奖惩分明式评价目的与面向未来的发展过程性评价关系

通过以上总结可以明晰，奖惩分明式评价目的主要用于审查区分鉴别，拥有一定的辨别能力，但是它的弊端在于它忽视了教师的自省、自查、自提及自学的能力与发展；面向未来的发展过程性评价注重教师的长期的、潜能上的持久发展，拥有一定的远见，但是它的弊端在于它在一定程度上削弱了部分教师的责任感、竞争性和居安思危的能力。在我国正在运行的体系制度下，无论是奖惩分明式评价目的或是面向未来的发展过程性评价，若想单一发展都是走不通的。纵使面向未来的发展过程性评价是当前教师成绩与成效综合价值评定的主流走向，但从当前来看，即使是面向未来的发展过程性评价起始地——英国，也一向没有完全抛弃过奖惩分明式评价目的，英国只是较早地察觉到了奖惩分明式评价目的的缺点根据此提出相应的改进方法而已。一些学者认为奖惩分明式评价目的与面向未来的发展过程性评价水火不相容，事实上是站不住脚的，两种评价目的在一定根据下是可以同时存在并且相互助推其前进发展的。二者的不同在于固有的奖惩分明式评价目的根据教师已经取得的成绩和表现进行奖励惩罚，而面向未来的发展过程性评价是将奖励惩罚机制指向战略展望层面。

奖惩分明式评价目的运用强硬的发展举措，而面向未来的发展过程性评价运用顺应环境而变化发展的柔软的发展举措，不应抛弃任何一个，而应该刚柔并济，在两种评价目的中间找到较为契合的结合点使二者进行合理有效的结合工作。

2. 英国艺术类院校教师评价体系及其特点

纵观英国大多艺术类高等学府，在一整套成绩与成效综合管理的价值评定机制体系的运行过程中，面向未来的发展过程性评价比奖惩分明式评价目的发挥着更大的能量。实际上，英国本国政府没有对教师价值评定予以一致的准则规范，但是为了保障教师价值评定的科学性、合理性及客观性，英国政府于 2001 年从八个方面论述教师对于知识的掌握和理解程度、教师的教育教学与评判价值体系、教师技能专业程度以及学生的进步等指标进行全面考核从而为教师价值评定提出相应准则作为理论根基。所以，不同的学校会根据其学校、学生和教师的实际情况来制定自身的评价体系。这里以爱丁堡艺术学院（ECA）和伦敦艺术大学（UAL）为例，概括英国艺术类院校的教师专业发展评价体系及其特点。爱丁堡艺术学院和伦敦艺术大学是英国两所具有悠久历史的艺术类院校，这两所院校对于专业前沿的要求和对于艺术卓越的要求是同步的。通过教师绩效评价保障教师队伍的质量，也是这两所院校以及其他艺术类院校的共同追求。如何提高教师的整体素质，是绩效评价的总体目标。

（1）艺术类院校的教师专业发展评价体系。

从发展性评价的目标、要求、内容和运作过程来看，英国艺术类院校教师绩效评价主要从教师发展的角度，通过采用具体的教师绩效评价原则和途径，对教师进行评价，提供适合全体员工角色和职责的发展机会，以求实现学院的目标并使员工发挥出他们的全部潜能。例如，伦敦艺术大学的使命在于在学习、创造力和艺术、传播和设计实践中保持最前列。而为了实现这个使命，它致力于发展员工的专业知识和技能以应对这种变化。在这个过程中，学校和员工的责任是双向的，一方面，学校通过支持创造性的学术活动、研究和持续的专业发展，确保作为教师、技术员和从业人员的员工在他们的学科或专业方面保持前沿的位置；另一方面，每个员工要负责他或她自己的发展，推进教学、学习和课程设计的质量，不断提高学生的经验。

（2）英国艺术类院校教师发展性评价体系特点。

在评价着眼点上，重视目标规划，也强调评价的可测量性和可操作性。英国艺术类院校教师的发展性评价活动，是以学校总体发展为前提的。所以，在制订整个评价目标时，在具体的要求和操作方面进行了严格的规定。比如，在申请发展性培训财政支持方面，爱丁堡艺术学院规定会优先考虑那些能证明爱丁堡艺术学院、学校／系可以从中得到好处的员工以及满足员工培训与发展政策条件的员工。伦敦艺术大学也有相关规定，任何与学校直接或长远利益相关的员工发展形式都可能会吸引支持（例如费用、购买书籍、材料或设备，和／或在工作时间的支付）。

在评价功能上，重视评价的鉴定和选拔功能，但更强调激励、改进功能。人力资源会上发起或协调校普及性的活动，提供建议并支持大学员工发展。生产线管理人员也会创造利于学习的条件，在与工作人员讨论的过程中确认需求，同意和计划合适的活动，竞购资源，监控实施和进展，评估在操作优先和个人工作的背景下产生的影响。

在评价方法上，重视员工和学校／系／人力资源的双向沟通，追求客观公平性。也就是说，努力达到学校各个相关机构和员工发展需求的一致性，尽量为每个有资格的员工提供相应的财政和资源支持。同样，员工的学习和发展需求被记录和反馈给人力资源部门，将该信息用于协助设计学习和发展计划，采购培训资源和支持全年的外部课程。这是一个循环式的评价考核和制定体系。

（3）发展性绩效评价体系对艺术类院校教师绩效评价制度发展的意义。

尽管英国艺术类院校教师专业性评价体系传达给我们更多的是一种理念，它在具体的实施过程中，有些相关规定还有待细化和标准化，申请资金的人数也依然很有限。但不难看出，教师专业发展本身是一种动态发展的过程，学校提供的支持会随着教师发展需求的变化而变化，也就是说，教师的专业发展才是整个体系的立足点，它需要自身动力来提升，并且最终体现在其个体的专业性上。或者说，只有在不停地自我培训和成长中，教师的信念、专业知识和技能才能得到不断地完善，这是个人风貌的表现，也会是整个学校展示其前沿发展的基础。通过相关评价体系的建立，教师不断明确自身的需求，确立自身的主体意识和创新精神。

在以追求卓越和创新精神为本的艺术类院校中，重视评价对教师专业发展的促进作用显得越来越重要。教师的专业性发展从传统上来说，是通过其在课堂教学中表现出来的专业知识和技能提升来衡量的，不过随着时代的发展，它越来越表现在更多自我促进的学习方式的多重选择和消化上。而这些选择不仅包括参加培训课程，也包括参与指导、借调、参观、讲座、工作见习、在线学习、远程教育、使用参考书和视频等其他方式。一个重要的原则是，选择一个适当的培训方法，教师个体必须清楚自身的学习和发展目标，以使它更有可能帮助自身达到成功。在这个基础上，发展性评价方法的选择、评价信息的收集和评价结果的分析才能体现“一以贯之”的以人为本理念，从而最终促进教师的专业发展和学校与时俱进双赢的诉求。

二、我国高校艺术类教师绩效评价状况与案例分析

（一）我国高校艺术类教师绩效评价概况

长期以来，我国高校对艺术类教师的绩效评价都与其他专业的教师评价没有明显区分，艺术类院校对教师的评价也都与其他类型院校的评价原则和方法没有太大区别，忽视了艺术类教师工作的特殊性，评价原则和标准难以真正衡量教师的具体工作状况，也起不到对教师激励的作用。在综合性大学中，针对艺术类教师的评价原则和途径，其缺乏明确的文件进行规范。我国高校艺术类教师绩效评价的研究远远落后于高校现实的需求，迫切需要从理论和实践层面进行深入研究。

在艺术类教师绩效评价实践中，艺术类教师的评价标准经常与文科类教师的评价标准一致，没有特殊的要求和相关的实施细则。这就造成了艺术类教师实际教学、科研与服务方面工作存在困境。艺术类教师需要花大量的时间和精力进行教学，指导学生创作文艺作品，同时教师本身也要从事艺术创造和创作。这样，许多艺术类教师就没有时间和精力从事学术著作和论文的写作工作，也没有精力从事课题的研究工作。他们的学术活动在很大程度上是与艺术实践联系在一起的，需要在艺术实践中进行教学等学术活动。因此，很多教师的艺术活动本身就是其工作。比如教师指挥音乐会、编辑创作影视作品、举办个人演唱会等，都属于教师的学术工作范围。在对教师绩效进行评价时，这些方面的内容都应该纳入其中。目前，我国高校和部分艺术院校开始针对艺术类教师教学和科研工作的特点，在进行教师绩效评价过程中，已经尝试制定符合艺术类教师工作性质的评价原则和途径，对激励教师工作、促进教师发展，提升教师队伍的总体质量起到了促进作

用。通过对北京舞蹈学院和中央戏剧学院艺术类教师绩效评价的案例分析，我们可以对我国艺术类教师绩效评价状况有一个比较深入的了解。

（二）我国艺术类院校教师绩效评价案例分析

1. 北京舞蹈学院教师绩效评价现状及特色

北京舞蹈学院始建于20世纪50年代中期，初创时起名为北京舞蹈学校，是中华人民共和国自成立以来建造的第一所舞蹈专业的高等学府，于20世纪70年代末期由文化部审批通过成立北京舞蹈学院；20世纪90年代末期获得舞蹈学专业硕士学位授予的权力；21世纪初获得艺术硕士（MFA）学位授予权；自2010年起北京舞蹈学院与中国最高高等学府之一的北京大学强强联手合理培养博士研究生。目前，北京舞蹈学院已经成为中国国内舞蹈教育的最高学府，也是当今世界上规模最大，专业设置最为齐全的舞蹈知名院校。北京舞蹈学院设立中国古典舞系、中国民族民间舞系、芭蕾舞系、国际标准舞系、音乐剧系、创意学院（下设编导系、艺术设计系、现代舞系）等院系机构，包含舞蹈表演、舞蹈教学、舞蹈编导、舞蹈理论教学等学科的学习与讲授，学院历经60多年的发展，形成具有中国特色的舞蹈教育体系。学校非常重视师资队伍建设，通过制定科学的教师绩效评价制度，充分发挥教师的积极性和创造性。

教师绩效评定的依据：北京舞蹈学院在教师绩效评定中贯彻规范化、科学化的原则，参照国家《高等学校教师职务试行条例》和北京市《高等学校教师职务试行条例》实施细则等文件，制定适宜本院校发展的教师绩效评定制度。

评审程序：教师绩效评价在教师自我评价的基础上，将教学、科研等方面的工作成果和业绩等书面材料提交，经所在教研室、系、部审核。再由系（部、室）领导对申报者的材料进行审阅，对教师进行绩效评价。

评价原则：教师绩效评价过程中，必须认真贯彻“坚持标准，保证质量，全面考核，择优评聘”的原则。

评价标准：北京舞蹈学院教师评价分为教授、副教授或高级讲师、讲师三个等级。

对教学工作量的要求主要有以下内容。

教授、副教授授课时数：专业课教师5年内应完成2 520（14课时 ×36周 ×5年）课时，每年完成504学时（每年授课36周，每周14学时）。文化课教师5

年内应完成 8×36×5=1 440（课时）其中，每年完成 288（课时）。其中，教授的要求是系统地承担 2 门以上课程的讲授工作（其中一门应是主干基础课），要达到教学效果好，教书育人的成绩显著，历年教学评估成绩优良的目的。副教授的要求是自成体系地承担 1 门必修基础课程或者 2 门以上其中 1 门是必修基础课程的讲授工作，要达到教学成效显著，学生吸收较好，成绩喜人，在每年教学评定中的成绩应该为优的目的。高级讲师的基本条件和学术水平与副教授相同，在教学实践中应具有较高水平，在理论研究和论著方面可适当放宽要求。

针对讲师的要求是思维清晰地教授 1 门以上的课程，组织学生参与到课堂探讨之中，指引学生的实习和社会调研工作，指导学生撰写论文而后顺利拿到学位证书。

对科研工作量的要求主要有以下内容。

（1）对教授的要求：担任副教授职务以来，在国内外有影响的学术刊物上发表论文 3 篇；出版高水平教材 1 部或学术论著 1 部；主持省、市级科研课题一项；获市级以上教学成果奖、教材奖、教书育人奖或科研奖 1 项。具有领导本学科教学、科研工作的能力；根据需要指导研究生，指导教师进修。

（2）对副教授的要求：担任讲师职务以来，在公开刊物上发表过 3 篇以上有较高学术水平的论文或调查报告。参加已出版教材的编写工作或出版学术著作 1 部。主持校级以上科研课题 1 项或参加省、部级课题 1 项。获校级以上的教学成果奖、教材奖、教书育人奖或科研成果奖 1 项。

（3）对讲师的要求：任助教以来公开发表或参加过 2 篇（次）以上的学术论文、社会调查报告或艺术实践（包括编创和演出），参加编写教材、讲义等。

北京舞蹈学院所具有的特色，使其在教师绩效评价过程中，重视教师国内外大型比赛或者活动中的表现和业绩，通常会以教师指导演出节目、舞蹈设计等作为评价的重要成果。

2. 中央戏剧学院教师绩效评价现状及特色

中央戏剧学院历史悠久，寻根溯源可以追溯至 1938 年 4 月 10 日成立的延安鲁迅艺术学院。中央戏剧学院于 1950 年 4 月 2 日正式宣布成立。学院设有表演系、导演系、舞台美术系、戏剧文学系、音乐戏剧系、京剧系、歌剧系、舞剧系、戏剧管理系、电影电视系。本科及专科专业设置有表演专业、戏剧影视导演专业、戏剧影视美术设计专业、戏剧影视文学专业、戏剧学专业、公共事业管理专业、播音与主持艺术专业。研究生专业的课程设置主要有戏剧戏曲学、电影学、广播电视艺术学。学院设立博士后科学研究流动站点，拥有戏剧与影视学和艺术学理论的博士、硕士学位授权一级学科点，并设有博士后流动站点。截至2014年年底，学院共有正高级职称人员67人，其中教授55人；副高级职称人员86人，其中副教授71人。该校通过具有本院特色的教师绩效评价制度，保障教师质量。

教师等级：教师评价分为助教、讲师、副教授、教授四个等级。

评定细则如下。

助教的评定细则：独立担负起课堂的帮助指导、答疑解惑、批改作业，组织指导课程、实习课程、课程讨论环节的教育教学工作；而后经过考核审批通过后可以独立讲授部分或全部课程工作，协助主讲教师指导修改毕业论文及毕业设计；参与学生社会调研的安排和评定工作；担负起学生在思想品德、教育教学、科学研究等方面的管理工作。

讲师的评定细则：担负并成体系地教授过1门或1门以上课程的教育教学工作，组织学生开展课题的探讨，指挥引导实习、社会调研工作，指导修改毕业论文及毕业设计；参与教学方法的研究或科学技术的研究与开发、社会服务及其他科技工作，参加编辑书写、评审协定教材和教学参考书内容；若工作方面有需求应辅助教授、副教授指挥引导研究生、进修教师；担负起学生在思想品德、教育教学、科学研究等方面的管理工作。

副教授的评定细则：担负并成体系地教授过1门必修专业课或讲授2门或2门以上的课程工作；组织学生开展课题的探讨，指挥引导实习、社会调研工作，指导修改毕业论文及毕业设计；掌握本学科领域的学术前沿，密切关注发展动态，积极参与学术活动并撰写学术报告，参与教学方法或科学技术的研究与开发、社会服务及其他科技工作，若有需要应担负起科研课题项目负责人的责任，主要负责或参与审核评议学术论文主持或参加编辑书写、评审协定教材和教学参考书内容；若工作方面有需求指挥引导研究生，辅助正教授指挥引导博士生及进修教师；组织学生开展课题的探讨，指挥引导实习、社会调研工作，指导修改毕业论文及毕业设计；担负起学生在思想品德、教育教学、科学研究等方面的管理工作；担负起课堂的帮助指导、答疑解惑、批改作业，组织指导课程、实习课程、课程讨论环节的教育教学工作。

正教授的评定细则：担负起除副教授岗位任职范围内的工作外，还需担负起比副教授岗位任职范围更广、要求更严苛的工作；组织引导所在学科进行教育教学、科学研究工作，根据需求并通过评定审议后指挥引导博士研究生学习。

绩效评价的目的是正确评价教师，激发教师的创造性，并为教师晋升、聘任、奖惩、培训以及调整工资待遇等提供依据。由此可见，中央戏剧学院的教师绩效评价制度既具有发展性的特点，也兼具终结性评价的特征。在教师绩效评价中，坚持客观公正、民主公开、注重实际的原则。尤其是作为一所艺术类的院校，院校对教师的绩效评价更多的是从教师的实际教学、科研和社会活动出发，根据教师的实际业绩对其进行评价。学院严格主讲教师资格认定，严格执行教授、副教授为本科生授课制度，并将其作为专业技术职务晋升、绩效考核、岗位聘任的重要条件，逐渐形成了教学水平、理论研究和创作实践协调并重的教师质量建设体系。2014 年，学院主讲本科课程的教授占教授总数的 83.64%。各专业教师坚持将高质量的学术成果融入教学、将深厚的专业创造经验回馈教学、将国际戏剧研究新成果和新动向引入教学，突出了该院的特色。

三、艺术类教师绩效评价制度对教师和院校发展的影响及未来发展趋势

（一）艺术类院校教师绩效评价制度对教师和院校发展的影响

通过上述分析，可以发现艺术类院校教师绩效评价制度对艺术类教师和院校的发展具有重要意义。综合考察国内外艺术类教师绩效评价制度，美国艺术类教师绩效评价制度比较完备，本书主要从美国院校中艺术类教师绩效评价制度对教师和院校发展的影响角度进行分析。这主要体现在以下 3 个方面。

1. 关注在艺术类教师绩效评价体系下教师的权利与义务如何平衡的问题

在这种绩效评价体系下的教师享有充分的权利，同时也承担责任与义务。发展性评价体系为美国艺术类教师提供了具有前景性的职业描述和全面客观的职业评价，这是一种建议式的评价。在这种评价体系下，艺术教师不但能够看清自身发展缺陷，还能认识到自身的发展潜力并明确自己的发展方向。因此这种评价体系赋予教师根据评价正确认识自己、科学自主规划更好的职业生涯的权利。同时，评价内容和标准也像一把标尺，教师通过每次的评价衡量自己是否履行了应尽的

责任和义务。AFI 教师手册的评价标准中提到若干个细则，例如是否用合理的方式向学生展示和解释问题？是否激发和启发学生的能力？是否有效地计划、组织和利用课堂教学？是否在学生困惑时给予帮助和指导？等等。这些评价准则非常细致，从学生和教师共同发展的角度出发，让教师明确了作为一个称职的教育者、研究者乃至艺术家，该具备怎样的能力、经验及态度。

2. 关注艺术类教师绩效评价体系对教师职业生涯的影响程度

美国教师绩效评价体系对教师职业生涯的影响应该是巨大的，因为这些评价直接影响到教职人员的聘任、晋升与终身教职的评定，并间接反映在其薪资水平和福利待遇上。教师职业的定位与发展与绩效评价结果息息相关。教师绩效评价体系是一套记录系统，能体现和反映教师的发展轨迹，并为教师的前景指明方向，为良好的职业生涯铺路；教师绩效评价系统还是一套规范系统，有效地规范教师的行为和态度，让教师掌握科学的教学方法，端正工作态度；教师绩效评价系统还是一套激励系统，续聘、晋升的压力会激励教师们不断完善自我、发展自我，实现职业生涯的不断进步。

3. 关注艺术类教师绩效评价体系对院校战略发展的影响

首先，教师绩效评价体系保证了高校良好的师资质量。因为完善的教师绩效评价体系为教师的聘任、续聘、晋升等都提供了规范的标准和程序，学校对待人才的甄选和提拔都严格按制度进行，以保证其雄厚的师资来源。其次，先进的教师绩效评价体系会促进师资水平的不断提高。由于教师绩效评价体系的理念在不断更新，侧重发展性评价与综合性评价成为评价教师的主导思想，这促使美国高校教师不断完善和提高自己各方面的能力，以谋求更高的职业发展。良好的教师绩效评价体系将教师的职业发展与学科专业的发展、学校的整体发展结合起来，促进了学校运作的良性循环。通过对师资质量的保证和师资水平的提高两条途径，美国高校实现了在教学、科研和社会声誉上的多重丰收，可见建立科学的教师绩效评价体系是实现高校长远发展的重要保证。

（二）艺术类教师绩效评价的未来发展趋势

通过以上对国内与国际艺术类高等学府教师成绩与成效综合价值评定体系的现状分析汇总，可以看出艺术类高等学府教师成绩与成效综合价值评定在将来的发展中将呈现出如下特点。

1. 艺术类教师绩效评价将充分体现公开性、公平性与公正性的原则

艺术类高等学府教师成绩与成效综合价值评定的秉持的原则目前已经成为国内与国际各高校教育教学价值评价体系中不可或缺的组成因素。该体系和制度的形成与发展都对教师起到鼓励和约束行为的作用，以确保教师团队成就优秀人才。评价结果必须明确反馈给教师，并允许教师有申诉的机会。

2. 艺术类教师绩效评价将更具多样性的特点

在艺术类教师绩效评价中，各国高校都非常重视采取多种不同的形式和途径，对教师进行科学合理的评价。在评价过程中，从各高等院校的实际状况和院校特点出发，科学合理地制订评价方案，注重教师间的个性化与自身发展，从而能够从多维度多路径评定判断教师。高等学府的教师应该是一名学术型人才，教育教学的能力和水平与科学研究的能力和水平应当并驾齐驱，但事实上教师很难做到两条腿走路即理论与实践不能很好地结合，包括国际名校哈佛大学在内，国外大多高等学府在作成绩与成效综合价值评定时都选择将教师的科学研究的能力与水平作为首要参考值，占据相当大的比重。但是为了确保结果的公正性和科学性，在考核评定指标的制定和选取时也考虑到学院类型的不同特性，针对艺术类专业和院校的特点，不同的学校也设置了多种评价途径，有些院校非常重视学生对教师授课的评价，有些院校则更加依赖于外部专家的同行评价。

3. 在艺术类教师绩效评价中将不断加强教师的参与性

在国外艺术类高等学府教师成绩与成效综合价值评定的流程中都极其注重教师的参与，大多情况下，参与到整个考核评定过程中能让教师本人认识到成绩与成效综合价值评定考核不单单是学生或学院领导的事，同时也关乎教师自身生涯的进步与成长。学校注重教师在评定价值中的主体地位，将被评定者——教师考虑其中，可谓是客观化与人性化并存。

第二节　在线课程教师绩效评价

随着在线课程在高等教育领域的不断发展，越来越多的大学开始开设在线课程。在线课程数量急剧增加的同时，其质量问题也日益受到重视。教授在线课程教师的教学实践直接影响在线课程的质量，如何科学地评价在线课程的教师绩效

也成为高校教师绩效评价的重要方面。本节基于美国高校对在线课程教师绩效评价情况的介绍和分析，为我国大学在线课程的发展和在线课程教师绩效评价提供可资借鉴的参考。

在线课程（online course）在美国高等教育领域发展迅速，成为多数高校发展的长期战略规划的重点。为了保证在线教育的质量，美国相关教育研究机构和各高等院校非常重视对在线课程教师的评价，尤其是在教师的培训质量和教师自身发展方面出现的问题，美国相关机构所采取的对策是以绩效评价作为自身发展路径指导，进而达到在线教育的课程质量受到保证的目的。本节尝试对美国地区高等教育中在线课程的发展及其与教师绩效评价的关系进行阐明，梳理不同高等教育机构在该方面的具体性措施及其独特性，为国内相关领域提供反思视角和问题评判依据。

一、美国高校在线课程的发展对教师绩效评价的影响

自 1990 年后美国网络教育兴起，到 2003 年，10 年左右的时间，美国高校网络课程的在校学生参与人数就已经达到了近 190 万人次。由贝伯森调查研究组（Babson Survey Research Group）于 2011 年进行调查研究，研究对象为美国本土的 2 500 所高等教育学校，指出在线学习已经成为大部分高校的长期战略性发展项目，比例高达 65%。因此，以在线为学习模式的课程数量在这种营利性的高校中提升最快，从 2009 年到 2010 年，仅一年时间就提升了 18 个百分点，增长为 69%。同时，高校在校生中越来越多的学生进行了在线课程学习的注册，研究表明，截至 2010 年，美国高校中至少通过网络进行一门课程学习的学生数量占比已达 31%。2013 年，贝伯森调查研究组对 2 800 所高校的调查显示，注册学习一门以上在线课程的学生人数达 670 万，在线课程注册学生人数年增长率为 9.3%。在线课程在美国高校的快速发展下，不仅成为各高等院校关注的焦点，也促使很多高校教师投身于在线课程的开发和讲授，申请开设在线课程的教师人数不断增加，在线课程教师绩效的评价也成为各院校学术管理人员所关注的焦点。

在在线课程迅猛的发展势头之下，其从教授和学习方式两个维度对传统教学模式发起了挑战，这必然促使着对教师绩效评价系统的转换和发展，才能避免不合理评价所引发的负面影响的产生，并通过对在线课程教师绩效科学合理的评价，

激发教师工作热情，提高教师教学质量，促进在线课程的发展。但目前在美国各高等院校中，仅有31%的学术管理人员认为，教师能够认识到在线教育的内在价值及其合理性，不同类型院校的学术管理人员对在线教育的认识也存在很大的差异，这直接导致了各高等院校在教授在线课程教师绩效评价及教师发展等方面存在差异。一些做得较好的高校为了促进在线教育的发展，提高教授在线课程教师水平，都形成了适应在线教学特点的教师绩效评价原则和机制，对教师绩效进行评价，并根据评价结果，实施相应的教师发展项目。目前，在开设在线课程的院校中，仅有6%的院校尚未给教师提供培训和课程指导，72%的院校在校内为教师提供培训课程，58%的院校为教师提供在线课程教学指导。一些规模较小的院校一般在校外为教师寻找课程培训机会，通过采取将教师绩效评价与教师发展相结合的做法，保证在线教育的质量。在线课程的发展，要求对教师绩效评价的原则、内容和方法进行改革，以适应在线课程发展的要求。

二、在线课程教师绩效评价原则

教师评价对教学工作具有至关重要的作用。教师进行评价的目的是探索教学效率和质量的最优化，促使学生能够得到最佳的学习成果。对教授在线课程教师的绩效评价应在这一目标前提下，制定相应的评价原则。

美国高等教育政策研究院对高质量在线教学研究颇深，在较早时期其提出要使在线教学成功的基本准则，共24条，内容涉及高校、学生及教师支持措施、在线课程开发、教育及学习要点、课程设置结构、教师和教学评价等类别。其中，教师支持基准包括：为教师提供课程开发所需的相应的技术支持，并鼓励教师应用这些技术；帮助教师从传统的课堂教学转向在线教学，并对教师的教学过程进行必要的评价；在课程讲授的全程为教师提供必要的培训和帮助；为教师提供书面资料，以解决学生应用电子数据中出现的各种问题。教师应该对在线课程讲授有充分的知识储备，以提供最佳教学。同时，也应制定适应在线课程发展的课程标准和教师评价标准，使教师能够非常清晰地了解教授在线课程所需要达到的目标。在线课程的特点决定了对在线课程教师绩效评价应遵循其独特的原则。在审视在线课程教师绩效评价原则时，第一要点就是对于在线课程实施过程中所展现出的独特性要加以认识和注意。与传统的、线下的、课堂式的教学相比，线上教学表现出一些新的特点：第一，在线课程学习的出现与高等教育范围由精英式向大众式过渡的时期相吻合；第二，在线教育因其传播的广泛性和留存时间的延长，对其课程内容的编排需要更加细致地准备和设计；第三，在线课程的成功开发不仅需要专业的教师队伍，还需要与不同行业专家进行分工、配合；第四，在线课程最关键的难点是对一种互动性、与学习者对话性的保持；第五，在线课程学习应用的广泛，能够大大减轻正式学习的学习成本，因此一些非正式学习机会，例如社会情境学习等，将会逐渐消失。对教师的教学绩效评价，应该注重在线课程本身的特点，关注课程教学的交互性。一个非常重要的原则是要使在线课程教学充满生机、充满师生之间的互动。同时，院校在进行评价和改进课程质量上，一定要强调学生的学。本着这一指导原则，延续以学生的学为中心的要求，以及充分考虑到在线课程的特点，从而展开对教师的教学评价，进而建立合理的评价原则。柴克林和盖姆森提出“卓越本科生教学实践七原则”，格雷海姆等将其扩大应用范围，提升为在线课程中，对教师进行评价的原则：鼓励师生之间的互动、鼓励学生之间的互动、鼓励主动性学习、及时反馈、强调任务的实践性、对学生提出较高的期望、尊重学生的多样化才智和不同的学习方式。很多高校都将这七个原则作为对在线课程教师教学评价的基本原则。

在技术支持与分工合作的不断进步和优化的过程中，在线课程教学体现出鲜明的过程性，对于在线课程中教师的评价也应十分注重避免评价内容、方法、体系的僵硬固化，应该将其设置为具有形成性质的评价。采用形成性的评价，能够保证授课教师在课程进行的过程中不断得到反馈，对课程进行适时调整，避免在课程结束时再进行评价，可使问题解决在萌芽阶段。当然，也需要在课程结束时进行终结性评价，以便对课程进行总体把握，这对于开设具有交互性、针对学习者个体的在线学习课程非常重要。阿尔伯认为，在线课程学习会受到较多种类因素的影响，可将其概括为四种，同时这四种因素也可以作为在线课程评价的依据：课程教学效果的预期及其可获得性、对教授者和学习者的灵活性、教学交互实现的便捷性以及易于体验到课堂的积极参与。因此，在教师绩效评价中应将上述因素考虑在内，制订相应的评价策略和方法。在教师绩效评价中，学生对教师教学的态度和看法只是评价的一部分，此外，采用的技术、课程所需材料是否容易获得、与其他学习者是否能够很容易地相互沟通等，都是要考虑的因素。对于教师个体来讲，最重要的两种能力是课程设计能力和促进教学过程中师生互动的能力。但在实际操作过程中，有些情况下教师本身并不参与其所教授课程的设计工作，因此评价就必须集中在课程的讲授和提高课程效果上。将在线课程评价的内容划分为两个层次：一是评价课程设置的内容是否符合学生智力发展要求，是否能满足学生学习需求等；二是对教师的教学策略选择、教学手段运用的评价。在线课程评价的重点应在于第二个层次，即对教师能否使学生的学习兴趣得到激发，使设置的学习目标得到完成。

对高校教师进行绩效评价，可理解为在学校整体教学规划指导下，应用与其相一致的评价体系、评价指标和评价原则，对教师在教学任务实施过程中的具体行为、整体表现以及所达成的结果进行分析和评判，在评价结果的基础上，提高教师的教学和科研水平的过程，其目的在于提升教师的发展。因此，对在线课程教师进行绩效评价，也应遵循发展的原则，与以上所阐述的评价在线课程教师的要点相结合，将其绩效评价分为相关者评价的不同板块，包括来自学生、同行、高校管理人员、非同校的专家及教师自身，以达成对教师绩效评价的综合性。

三、在线课程教师绩效评价的途径及特点

传统的教师评价包括学生评价、教师自我评价、同行评价、管理人员评价、校外专家评价等方面，在对教授在线课程教师的绩效评价中也包括这些方面，但需要结合在线课程的特点，制定相应的评价程序和标准。

（一）学生评价

在高校所开展的教学活动之中，学生评价可以作为其最重要的一部分工作。在线课程要求其在设计和组织的过程中就重点考虑到学生所具有的学习需求以及所表现出来的特性，并将适合学生的课程教学方案在设计过程中就融进在线课程之中，形成学生评价的反馈机制，使学生能够在学习过程中就对教学整体的评价以及对教师教学能力的感受及时传达给相关人员，这有利于对课程设置及教学过程中的问题进行定位。

（二）教师自我评价

教师作为与教学的实践者、课程的讲授者，肩负着与学生互动、引领和指导

学生学习并完成学习目标的任务，教师的自我评价能够直接影响课程的内容调整、授课节奏和教学实践策略。在在线课程的自评中教师应自问这样一些问题：要教授哪些知识和技能？如何知晓学生正在掌握哪些知识和技能？如何帮助学生学习得更好？因此，在对教师的评价中，对教育技术的掌握应成为评价的关键因素之一。芝加哥的加利福尼亚州立大学的诺尔建立了一套专门供教授在线课程的教师进行自我评价的体系。该系统以网络课程平台为基础（Web CT），将在线教学原则总结为“强调任务的即时性”以及“提出开放性问题”。针对强调即时性任务的原则，诺尔向教师提出了这样的问题，即“你是如何通过采用现有技术在课堂中实现任务的即时特点的？”这套评价体系包括以下方面。

（1）课程目标：将课程目标和学习目标列出来，让学生确定哪些对其来说更有意义，并说明理由。

（2）日历：在课程的开始阶段确定学生预期完成作业的要求及时间。

（3）追踪：在内容网页监控学生的活动，并根据学生的活动进行反馈。

（4）讨论：限定讨论人数和每个学生上传内容的形式，限定每条信息的长度。

（5）电子邮件：信息要简洁，围绕主题并意义明确，避免对附件的过分依赖，规定附件的文件格式，要求对所有附件进行病毒检查、要求学生定期提交学习报告。

（6）书签：外部地址链接要精确并实时更新。

在该评价体系的框架内，师生之间的交流和沟通能够更加有效，教学问题的反馈可以更加明晰。诺瓦克是概念图式的提出者，他认为这种工具的应用，能够实现在线课程作为教学、学习和评价工具的一体化。所谓概念图式是指通过将一组概念通过图式的形式显现出来，概念图式建立在奥苏贝尔等人的同化学习理论之上。在对具体在线课程内容进行分析研究的基础上，在概念图式理论的基础上，概念图式工具被成功开发，将传统课堂中独立进行的教、学、评价三部分内容，在在线课程的背景下实现一体化的联系。这一工具还包括专门针对在线课程教师进行评价。通过应用这一软件，促进了教师的教和学生的学，并将教与学及课程评价和教师绩效评价联系在一起，对在线课程质量的提高具有促进作用。当前，美国高校对此评价工具的运用已经非常广泛。

（三）同行评价

在线教育背景下的同行评价具有与传统教育环境中的教师评价不同的意义。通过同行评价，旨在促进同行之间的互动，形成一种共同协商的院校氛围和策略，形成一种良性的在线教育文化。瓦尔登大学（Walden University）是一所以在线教学为主的大学，该大学通过采用课程导向的教师绩效评价方式，使教师之间形成一个促进在线教学和学术发展的共同体。教师之间通过同行评价，分享各自的在线课程教学经验，相互切磋各种教学技术，通过建设性的同行评价途径，形成一个不断发展的教师网络，在积极、友好的氛围下，促进教师发展。有些院校还通过采用导师制度和同行评价相结合的方式，对教师教学绩效进行科学评价，并同时对评价进行及时反馈，帮助进行在线课程教学的教师提高教学水平，并将绩效评价结果作为教师发展的规范和指导，根据绩效评价结果制订相应的教师发展计划，提高在线课程教师的教学和科研水平。

（四）管理人员评价

管理人员评价是在线课程质量提升与教师教学和自身发展不能分离的一个评价项目。在桑耐尔等设计的“在线交互学习清单”（Checklist for Online Interactive Learning，COIL）中，绩效评价的核心应集中于在线课程教学结果之上，这种以结果为导向的理论，所代表的关注点主要在于在线课程背景下课堂的交互性水平、支持技术稳定性以及所创造的学习环境能否具备完整性等问题。可见，目标性是该评价方式的主要标志，围绕这一核心思路，具体到实际评价过程中可根据现实情况，以及课程内容、教学结果等进行相应的变化、调节，始终保持与在线课程教学质量的密切联系。在线课程教学中的互动，不仅要强调师生之间的互动，同时也关注教师通过何种途径促进学生之间的互动。在线教育环境下，学生的特点也发生了变化，学生具有非常强的独立解决问题的能力，是具有终身学习能力的学习者。这要求教师根据学生学习的特点，通过与学生之间的互动，鼓励学生之间的交流，鼓励学生对各种问题作出及时反馈，鼓励学生认识到任务的即时性，对学生有较高的期望值，尊重学生多样性的才能。对教师的绩效评价也需要关注高校内部结构问题，随着技术的发展，各高校也发生了结构性变革，产生了不同于以往的新文化特征，这些具有一定消费特性的文化，对教师和学生都有深刻的影响，教师的教学应顺应学生在虚拟环境中的文化特点的变化，改变传统的教学方式和途径，相应地，教师绩效评价也应随之发生变化。教师应该了解在网络环境下的新教学理论，了解与建设网络社区相关的新的教与学理念，这些都是学术管理人员在教师绩效评价过程中应该关注的问题。

当前已经有相当数量的高等院校将在线课程教师绩效评价结果与教师的职业发展、薪酬等项目挂钩，这种关联性已经在一些院校中得到落实，教师绩效评价结果与其职称评定、职位晋升的关系具有详细的具体规定。西南学院（Southwestern College）是加利福尼亚112所公立社区学院之一，该校非常注重在线课程教学质量，关注教授在线课程教师评价。在该校的《终身教职评审和教师评价手册》中专门列有章节，说明教师评价的原则，规定教授在线课程的教师要接受特殊的课程培训并获得西南学院在线教学证书，要求教师具有教授在线课程的方法和经验。评价包括学生在线评价、教师填写在线评价表和达到标准状况、在线课程中教师教学实践情况评价。在进行评价的过程中，不仅需要依照所规定的教师评价程序、践行教师评价原则，还要遵循在线课程教学教师绩效评价程序和原则。根据教师聘任差异，评价可以区分为不同种类的序列，包括试用期和合同制、终身教职及兼职。虽然不同的序列之间有所差异，但总体来说有以下五个特点：第一，教师应提供西南学院在线教学证书等能证明自身在线教学能力的证明；第二，对教师进行在线课程教学的课时具有明确规定；第三，对在线课程教师的评价应该与对进行传统课堂教学的教师的评价一视同仁；第四，在线课程教师评价委员会的结构和职能，应该与其他教师评价委员会类似；第五，评价主体分为学生、教师自身及同行。对在线课程进行教师评价，更重要的是使作为课程教授对象的学生能够发挥自身的自主权，拥有选择教学质量的权利和现实途径，使学生获得高质量的教育经历，实现在线教育创新。该校实施的在线课程教师绩效评价方法对提高在线教学质量具有重要意义，激发了教师从事在线课程教学的积极性。

管理人员应该清醒地认识到，教师绩效评价的主要目的在于教师发展和教师总体质量的提升。因此，很多高校都明确将教师绩效评价的目定位于为教师自我提升提供指导和动力。瓦尔登大学设置了不同维度的评价项目，包括在线课程的学生评价、授课教师对自身的评价、课程活动评价及达标占比评价等，促进大学教师的发展。该校一直采用由该院校研究和评估办公室开发的评价工具，对学生的学习进行评价，这些评价结果一方面用于课程评价，另一方面用于教师绩效评价和发展。具体做法是，由院校研究和评估办公室将所收集的关于课程评价的数据和信息汇总，进行详细分析，并提交“学生学业成绩报告”和“授课质量报告”两份分析报告，根据分析报告提出课程和教学改进建议，同时提出教师发展建议并制订教师发展计划。对该校教师的调查显示，教师对评价结果表示满意，认为评价是实现其职业发展的重要途径。该校通过这一评价机制，形成了以提高教学质量为核心的文化氛围，无论是教师还是管理人员都认为，评价的目的在于解决问题，经验丰富的高质量教师队伍是大学发展的关键。大学还通过“教师卓越中心”提供具有交互性的在线教师发展工作坊，为教师提供发展机会。有些教师在“职业发展计划”中表明需要提高某些技能，学术管理人员便安排教师参加由教师委员会开发的培训项目，并对培训结果进行评价。教师发展不仅局限于教师发展工作坊，通过电话联系、邮件往来、教师同人之间的交流讨论等方式，教师可改进教学技能，为学生提供最优课程教学。通过实施对教授在线课程教师的评价，教师表示有改进技术的愿望，并希望与其他教师分享在线课程教学的最佳做法，经常会与同事探讨在线课程教学相关问题，这有助于形成一个良性的在线课程教学的学术环境。

（五）校外专家评价

除了上述四种评价，有些院校还通过校外专家评价对在线课程教师进行绩效评价，从专业化的角度对教师进行系统评价，将教学平台评价、学生评价、教师评价、学习资源评价等方面联系在一起，旨在促进在线教育总体质量的提高。

通过对在线课程教师绩效评价内容的分析，可以归纳出在线课程教师绩效评价具有以下特点：第一，在线课程教师绩效评价是一种以学生的学习为核心的评价。评价强调课程设计和实施应以学生为中心，注重在线课程教学的交互性。第二，在线课程教师绩效评价是联系教师和学生的纽带。通过有效的、具有针对性的教师评价，将学生和教师联系在一起。通过评价提供的学生反馈，使教师认识到课程教学中所存在的问题。不仅如此，还可以指明教师自身的薄弱之处，为其自我提升提供方向，进而提供具有针对性的教师职业发展方案。第三，在线课程教师绩效评价是一系列管理活动不断连续的循环过程。管理人员应充分认识到自身在评价中的地位和作用，认识到评价是一个沟通和协调的过程，只有认识层面真正地认同和接纳，才能使参与到绩效评价之中的教师数量得到增长，从整体上使在线课程的教学质量得到提高。

四、对我国在线课程教师绩效评价的启示

随着网络技术和资源的不断发展，我国在线课程发展较为迅速。从美国在线课程发展进程中可以看出，当前，我国在线课程还具有一定的发展空间，在线课程标准规范尚未达到完备程度，还不具备全国性的约束力。美国高校在线课程教师绩效评价的具体做法及其特点，对我国高校在线课程教师绩效评价具有一定的启示作用。

第一，以控制在线课程教学质量处于高水平、敦促教师自身教学水平提升为目的，来进行在线课程教师的绩效评价。因此，要重点完备教师培训方案、组织计划，整理并提供有助于教师教学活动的资料、教学设计、策略和实际应用的模板，从技术上来保障教师的在线教学活动，以及为师生提供与课程相关的具有便捷性的互动环境。威廉姆斯认为，需要对教师在线课程讲授中的作用和所需能力进行深入研究，以便提供适当的培训，提高教师的水平，并根据研究结果制定相应的评价标准，对教师进行评价，以确定教师需要提高的方面。

第二，对教师教学的评价应以院校的使命为前提，应首先考虑院校的使命和目标是什么；院校要培养什么样的人才。在这些问题的基础上，充分考虑到高等院校的发展规划、人才队伍建设目标，从而制定能够符合要求的评价教师绩效的指导原则、具体衡量指标，以切实为在线课程教育的长远发展助力。

第三，教师绩效评价体系尤其要注意评价的全面性，切忌偏听偏信，有失公允。对教师在线课程教学的评价应包括师生交互程度、作业与答疑情况、教学活动的组织、学习材料的提供和学生的考试情况。教学、学术工作的相关管理人员应提高认知水平，注意到教师的教学活动，尤其对在线课程来说，主体并不只涉及师生，学生评价固然重要，但仅依托学生对教师的评价结果，难以做到对教师绩效评价的全面性、公正性，因此要注意将不同主体的评价综合起来，得到教师绩效评价的全面结果。例如，正式的课堂访问、教师自我评价等。管理人员还需认识到，一定要面对问题，与教师共同提出提高教师水平的方法和途径。这需要管理人员与教师保持密切联系，需要通过邮件、电视会议、非正式的课程聊天室、

面对面的谈话等方式对教师有一个深入了解，才能对教师作出合理的评价。

第四，评价的目的是得到更好的教育教学水平，因此教师绩效评价体系的任何一个组成环节都应该得到兼具说明性和指导性的结果，无论是评价者还是被评价的教师。在评价过程中，教师、管理人员、学生和专家要有充分的交流。在线环境下，这种交流可以通过电子邮件、电视会议、视频反馈、非正式课程聊天室和面对面交流等形式得以实现。

第三节　跨学科研究与教师绩效评价

随着现代科学的发展和社会问题的日益复杂化，很多自然科学领域和社会科学领域的问题都需要从跨学科的视野进行探讨，进行团队合作以解决人类发展所面临的深层次问题。这要求大学中来自不同学科领域的学者进行全校范围、全国范围乃至世界范围的通力合作，以解决某一现实问题。莫尔曼等认为，在当今世界顶尖的大学中，教师作为新知识的生产者已经具有新的作用，已经从传统的独立探究者转变为具有跨学科特点的国际化合作团队的一分子，与之前的研究工作相比，他们的研究更多以现实问题为导向。庄琛等人对 2011 年管理学顶尖杂志《美国管理》（*Academy of Management Journal*）上发表的文章进行的统计发现，当年 54 篇论文中，每篇论文平均作者为 2.93 人。进一步的研究显示，许多大学教师更多的是采用合作的方式进行科学研究。其他学科领域的学者共同协商努力，以解决目前整个社会乃至人类所面临的重大的现实问题。随着跨学科研究的不断发展，大量的资金和人员从传统院系流向大学中新出现的跨学科研究中心、跨学科研究平台等跨学科研究集群、组织或者机构，这要求相关的教师绩效评价制度也随之发生变革，不能再局限于从单一的学科视角对教师个体独立工作进行评价，而应关注教师的团队合作和跨学科研究情况，包括对跨学科研究群体、组织或者机构中的教师的评价问题给予必要的关注，以便对教师进行合理的评价。跨学科研究的发展现状要求大学作出相应的制度变革，以激发教师的创造性发挥。美国国家科学基金会指出，参与跨学科研究（Inter Disciplinary Research，IDR）的教师需要有一个能够使他们在多学科和不同系工作的支持环境，更为关键的是要有一个能够对教师跨学科工作以及在学科领域内的工作进行合理评价的机制，保证教师能够在两个或者两个以上的学科接受训练、能够有与其他教师和学生在每个学术领域进行融洽合作的机会。这些文化和智力氛围是保证高质量跨学科研究的前提条件。美国高等教育协会在《为美国新学者提供空间》的报告中也强调，改革教师评价制度为教师跨学科研究活动提供支持。应积极探索有利于大学教师进行合作、促进跨学科教育与研究的教师绩效评价制度，这已经成为大学的人事聘任与评价中的重要方面。因此，迫切需要在教师绩效评价中对教师的跨学科研究和在跨学科团队中所从事的研究工作进行合理、科学的评价。因此，对教师的跨学科研究绩效的评估，成为教师绩效评价中一个非常重要的议题。

随着我国“高等学校创新能力提升计划”（简称“2011 计划”）的逐步推进，跨学科研究或者交叉学科研究不断得到重视，很多大学开展各类的跨学科研究项目，而从事这类跨学科研究的教师绩效评价问题也日益凸显。在这一背景下，我国大学也开始关注从事跨学科研究教师绩效评价问题，进行相应的教师绩效评价制度的改革与创新。2002 年，南开大学推出复聘制，打破学院之间的人才所有制，一名教师可以被多个院系同时聘任，实现人才资源共享。

一、跨学科研究特点与教师绩效评价的问题

20 世纪 20 年代，美国高等教育领域跨学科教育活动日益频繁，这一时期现代跨学科制度的大规模发展、大程度进展应运而生。而后 20 年内，地区研究和美国研究领域出现，被公认为标志着跨学科研究的诞生。不同学者对跨学科一词的内含及其意义进行了研究，其中克莱恩指出，跨学科意味着与原本各自独立不互通的学科之间的联系相关的活动统称。而贝彻则从与传统学科的区别和变革角度说明，跨学科所跨越的正是传统学科领域内所独立、分裂的边界，使传统学科所建立的分裂格局被打破，学科之间开始交联互通，知识正在向统一的趋势发展。我国学者刘仲林总结式地概括了跨学科现有研究，指出在跨学科研究过程中，来自不同专业、部门的研究人员作为各学科代表，为解决同一个课题问题汇聚起来，发挥各自的不可代替性，相互之间密切配合，成为真正的研究团队整体。由此可见，跨学科研究本身的特点决定了对跨学科研究教师绩效评价必然面临一系列问题。

（一）跨学科研究自身特点的复杂性

跨学科研究本身具有复杂性的特点。首先，从学科的维度来看，跨学科研究涉及多学科的交叉与融合，需要综合多学科的理论、方法和途径；其次，从跨学科的研究问题来看，跨学科研究议题一般都是由社会问题导向的，而社会问题经常是错综复杂的，受多种因素影响，与不同学科的视角相结合，从而形成网状交叉的研究视角；再次，从知识创新的角度来看，跨学科研究需要通过打破学科壁垒，跨越不同学科的边界，实现知识的统一，从而取得具有突破性的创新；最后，从跨学科研究的参与者来看，来自不同学科、不同部门的学者围绕共同的研究问题，共同攻关，形成一个多学科的共同体。以上有关跨学科研究的特点，共同导致了在这一研究形式下所产生的成果所属的学科边界一定是具有不确定性的，因此传统的单一学科的划分形式难以为这一成果提供有效的判断依据；而且，跨学科研究，一定意味着所参与研究的学科数目至少为两门，多种学科交互在一起，必定会带来研究语境的复杂性、多样性，所涉及的社会问题难度较大，较为棘手。上述诸条，均可见跨学科研究本身的复杂性，同时也意味着对其进行评价的困难性。

（二）跨学科研究教师绩效评价中存在的问题

跨学科研究的发展，带来了教师动作内容、环境等方面的变化，需要充分考虑新研究形式的需求和特点，对教师评价体系进行优化，甚至是全部重新建立。而当下，对于这种新式评价体系的建立，在高校中的推进与应用还面临着诸多的困难和问题。

1. 同行评议与跨学科研究教师绩效评价

在一般教师绩效评价体系中，同行评议属于固定组成环节，使用率非常高，但在跨学科研究中，由于参与研究的教师普遍具备跨学科的背景，同行评议环节的使用场景已经发生变化。由于跨学科研究既表现为多学科的交叉渗透融合，又是前沿研究，因此，同行评议的方法难以有效判定具有科学创新意义的内容。对于这样的具有跨学科和交叉学科特点的研究成果，传统意义上的同行专家，在跨学科研究中是难以真正找到的。美国的一些高校中，专门进行跨学科研究工作的组织，面对教师绩效评价时会将以下因素纳入考虑范围。

（1）教师在担任跨学科研究中的自己工作部分的过程时所做出的工作质量是否可以判断为高质量。

（2）教师所具备的研究背景是否不能单独解决其在跨学科研究中所研究的课题问题。

（3）教师在从事研究的过程中是否在研究方向上找到了新成果并拓展了其研究领域。

（4）教师在与来自非自身所在学科的学者进行合作过程中能否做到接纳和配合。

（5）教师的研究工作是否涉及建设新研究领域。

（6）教师是否使共处于同一研究中心的非自身专业学生受到了不同学科知识的涵养，学生是否能够较好将不同学科知识融汇起来。

（7）是否参与了来自不同学科的咨询、评审委员会。

（8）是否接受其所在系、学院的多学科评审委员会的评审。

（9）跨学科研究中心的教师的工作是否得到认可。

（10）是否被来自非自身所在学科的领域邀约，进行其所进行的跨学科研究成果讲解、展示。

教师绩效评价必须充分考虑到教师所在的工作环境和所从事工作的特点，才能得到具有合理性、有效性的评价结果以及一系列的正面意义。因此，对于跨学科研究的教师绩效评价，就需要全面把握其特点，权衡不同评价标准利弊以及评价目的之间的优先顺序，进行教师绩效评价理念和体系的优化及创新。

2. 重视跨学科研究科研评价方式与跨学科研究教师绩效评价

在传统单一学科内进行研究的教师科研工作中，教师的绩效评价遵循结果论的理念，评价方式侧重于量化法。但是当教师的研究工作进入跨学科研究模式，教师们具备不同的学科背景，失去了在相同的专业范围内进行横向比较的舞台，不同学科之间在学科的建设规模、发展程度、科研成果获取难度等方面都不在同一水平线上，因此以数量为唯一评价标准将不再能够准确反映出不同教师之间的真正工作贡献，这种科研评价方式将会引发巨大的不公平性和不合理性，必定要失去其有效性。所以，面对跨学科研究的教师，在对其进行科研评价的过程中，应该将不同学科之间在文化、规模、建设等方面的差异纳入考察范围，这些要素的差异会对从事跨学科研究的教师的研究成果产生深刻影响，使他们在受到不同学科评定的时候受到具有差异性的对待，这一影响只有当跨学科研究中不同学科研究者的贡献量能够被确切识别和解读时才相对降低，但现实是，这些因素的存在大大增加了这一理想实现的难度。例如，在跨学科研究中，不同学科之间对成果的形式重要程度就存在差异，有的学科认为学术发表更重要，有的学科更偏重会议。而这些文化、习惯等方面的问题，在跨学科研究工作中变得更为难以得到统一，因此在跨学科研究中，对于研究者的绩效评价受到多方面因素的影响，绩效评价体系标准化、统一化更是困难重重。

3. 人员、科研成果的归属和划分与跨学科教师绩效评价

跨学科研究的组建，通常以某一个或一系列跨学科问题为中心，围绕该问题进行相应的人员组织、机构或平台建设，通常参与到跨学科研究中的教师并非是专职于这一跨学科研究机构的人员，而是同时隶属于本学科所在的高校院系。因为对于大多数研究人员来说，其职业发展、晋升道路主要是由其本学科所在的院系所决定的。常见的跨学科研究成果，如国家层面的政策咨询、公共政策方面的建议性成果、大众传媒输出、时间跨度较长的产品开发等，这些成果却不能与单一学科成果进行同等的价值转化、“个人贡献”与“团队成就”含糊不清，付出与回报不能合理化，高贡献的研究人员的付出难以得到认可，知识产权方面的纠纷容易发生，同时又可能出现学术评价方面的“搭便车”现象。

二、跨学科研究与教师绩效评价的原则

基于跨学科研究中教师绩效评价所存在的上述问题，在对教师进行评价时应打破旧有的思维模式，以评价理念作为突破口进行创新，进一步实现制度上的变革，使教师能够更好地发挥、施展自身的能力。因此，在进行评价时需要遵循如下原则。

（一）充分考虑跨学科研究的特点

在跨学科研究的诸特性中，首先应该关注的就是跨学科性，因此在对教师进行绩效评价时，要关注的就是教师在担任跨学科研究的自己工作部分的过程时所做出的工作质量是否可以判断为高质量，及其跨学科研究成果的质量是否可判别

为高质量。以对跨学科研究特点的认知为基础，以充分结合该特点为原则，需要考察的就是参与跨学科研究的教师能够在达到正确认知水平后，在实践中真正做到对来自不同学科的理论、知识、方法“平衡”起来，吸纳、运用跨学科的不同观点。因此，在对跨学科研究教师工作进行评价时，一个不可忽略的方面就是，该教师是否通过自身的贡献使学科知识达成了某种程度的发展、进步，例如从某种程度上来说，使某学科领域内的新见解得以被激发，甚至形成了新的学科，而作为跨学科研究的成果，更重要的是要具备预见性，并能够在实践的检验中显示出其真理性。

（二）协调长期目标与短期效应之间的关系

通常来说，跨学科研究的组织、建设都是建立在明确的跨学科问题基础之上的，也就是说，跨学科研究是以目的导向为主的研究工作，而作为跨学科研究的目的，一般都是具备相当难度的科学、技术或社会层面的难题。而跨学科研究所关注的问题就决定了该研究本身成果的取得和项目的结束需要历经漫长的时间历程，即便是阶段性成果也不是一朝一夕便能获得的。可见，跨学科研究由于自身特性必然是关注长期效应的，但在传统的科研评价体系中是以短期效应为基础的，这就造成了传统评价对跨学科研究教师评价的不适应性。要使评价体系所关注的短期效应与跨学科研究以长期目标为核心的特点能够相互平衡，避免在跨学科研究中采取年度评价方式，从而使二者相协调。

（三）采用灵活多样的方式对跨学科研究教师进行绩效评价

对跨学科研究中教师进行评价的方式一定要具备相当的灵活性。对于研究成果的评价不仅要注重其学术价值，还应充分考虑其与社会相关的其他价值；不仅要注重其理论上在专业领域内的进展，还要高度重视其在实际应用中对克服难题的可行性。这与传统对教师绩效评价中关注教师科研成果的学术价值有所不同，还应关注跨学科研究成果是否能够解决社会问题，是否具有应用价值。

三、跨学科教师绩效评价的具体途径和方法

跨学科研究中所牵涉的研究专家通常是来自不同学科的，因此对教师的绩效评价也要一同进行理论和实践方式上的创新，以适应研究环境的新变化，产生不

同于传统评价方式的崭新体系，以达成对跨学科研究中教师的工作及其研究成果的科学合理的评价。美国教育协会的相关报告指出，由于当今各种研究更多的是从多学科视角展开的，学者很难单独进行相关研究。在这种情况下，一方面，需要团队一起协同进行研究和出版研究成果。因此，在教师绩效评价中应该重视团队工作的重要性，要对个体在团队中的工作情况进行很好的评价。另一方面，由于团队研究更容易获得重大研究资助，这促使大学积极鼓励教师与来自其他学科的学者进行合作，以期获得大宗科研资助。与此同时，大学必须寻求鼓励这些合作研究和出版的评价方式。尤其是在很难形成一个普遍的评价标准的情况下，大学更应该采用适宜的方式评价多作者合作著作。为此，美国教育协会呼吁大学的终身教授评价和晋升委员会成员应该认识到这一评价中的困境，通过寻求适宜的方式对每一个学者的工作进行公正的评价。除了以论文和专著作为衡量教师绩效的标准，应该考虑到教师是否在研究中采用新的研究方法和手段，如是否利用软件进行科学分析，是否建立数据包等。事实上，美国的一些大学已经开始积极探索如何对跨学科研究教师进行科学、合理的评价，从而形成较为合理的教师绩效评价制度。综合美国一些大学对从事跨学科研究的教师绩效评价的制度可以发现，这些大学在遵循大学既有的关于教师绩效评价的一些评价原则基础上，根据跨学科研究本身的特点，充分考虑跨学科研究项目目标的长期性和研究的不确定性等特点，采取灵活的方式，创新教师绩效评价途径和方法并对教师进行评价。

（一）集群聘任计划（cluster hiring initiative）

1998 年，威斯康星大学麦迪逊分校实行了一创举，即以促使教师们避免被现有学科体系局限，去积极参与到跨学科研究、教学等工作之中的集群聘任计划，也被称作跨学科聘任计划。在这一创新型计划的指导下，学校为那些一直进行传统学科研究，但有意向进行跨学科研究的教师们，创立了新的研究领域（areas），或者称为“集群”（clusters），并设立聘任制度。集群所设置的每一个岗位，都会得到学校的全额资金帮助，截止到目前，在跨学科研究集群中受聘的教师已经有 139 名，集群种类各式各样。集群是为了进行跨学科研究而存在的，但其实是一种非现实实体的形式，并不由任何其他组织所管理，在每一个集群之中，受聘的教师均不超过 5 名，这些成员们具有高度的自由性，可以凭自身的意愿进行跨学科研究活动。在这个意义上，集群又被看作是一种“自然实验”集群。而在集群中，参与研究的教师的绩效评估是由教师咨询评审委员会负责的，受教务长（provost）指派。学校在规定中指出，这些集群所产生的研究成果所归属的教师们会获得与其进行自身单一学科研究时所产生成果的同等价值，在跨学科研究中教师们参与发表的成果论文、所参与的学术会议，无论是跨学科还是多学科，都将被视作与其自身学科研究。

以遵循高校教师绩效评价最高总体原则为基础，进一步根据不同集群的情况和自身特点，综合考虑后采取合适的评价准则对参与研究的教师进行评价。对集群教师的考核包括年度考核和总考核，年度考核每年进行一次，总考核为五年一次。考核过程中，集群内的教师需要撰写一份自我评估报告。依照集群教师分别在单学科领域、跨学科领域所产出的学术成果、科研成就，所属机构应基于平等客观的评价和考虑，并在二者评价结果综合整理的基础上得到相应的集群教师的具有全面性的绩效结果。以威斯康星大学尼尔森环境研究所为例，该研究所对跨学科研究教师进行评价的指导原则和具体做法是其他各个集群中教师评价的一个缩影。研究所关于跨学科研究学术评价的指导原则明确指出，作为大学的组成部分，在研究所对教师跨学科学术成果进行评价的过程中，要遵循大学总体原则，并在此基础上结合研究所自身的特点，在个人兴趣、研究所使命和大学的总体目标之间进行平衡，并给予教师的跨学科研究成就以高度认可。该研究所对于教师的具体评价操作，首先应遵循大学对教师进行绩效评价的基本原则和政策，从教学、科研和社会服务三个方面来对跨学科研究教师进行评价，由研究所所长主持，教师所在母院系也会提供评估辅助。教师需要根据自己在研究所和在母院系的工作情况，提交一份自我评审报告，将自己的跨学科研究、教学和服务情况以及在母学院或者系从事教学、科研和服务工作的情况进行自我评价。在跨学科研究工作的视角下，对于教师的考察和评价也应当依照研究、教学、社会服务三个方面进行，在科研方面，考察重点在于教师在其所进行的跨学科研究中取得了何种创新成果、为建设跨学科研究的长期工作中所作的贡献、在获得跨学科研究资助金额中的贡献情况、多种形式的跨学科研究成果发表或出版状况等；在教学方面，主要的考察内容为教师对学生在跨学科实践中的指导、培训情况、在跨学科课程中所担任的角色及承担的责任、在跨学科学习上产出的跨学科知识学习方法或创新的教学方法；在社会服务部分，评估的对象即为在跨学科应用过程中，教师进行的社会服务情况、教师将跨学科研究的理论与实践层面的整合水平等。

（二）共同资助方式聘任（co-funding hiring）

颇具名声的美国公立大学——宾夕法尼亚州立大学在跨学科研究中采取了一种“共同资助”模式来指导所属该高校的跨学科研究组织及机构对教师进行聘任。可以将这种聘任模式看成是一种“三角契约”，参与三方分别为跨学科研究平台、教师所在的单学科院系以及被共同资助的教师，而相应的教师岗位从行政体系上来看仍然属于其被设置的单学科院系之内，行政事务由院系进行把握和控制。

对于共同资助教师的评估报告，应当由岗位所在院系的最高负责人向跨学科研究组织、机构等平台定期提交，具体包括：共同资助岗位受聘教师所进行教学和科研内容与岗位设置的有关跨学科研究初衷的相关程度、受聘教师在跨学科项目开始之初从院系所获得启动资金的情况、在受聘教师的教学和科学研究活动中与跨学科研究相关时，展现出的上进水平。跨学科研究平台需要由相关负责人对受到的评估报告进行审查和评议，以决定相关岗位资助资金的发放与否。每一个共同资助协议签订后，合约持续周期为5年，在协议临近期满时，跨学科研究平台应根据受聘教师的年度评估及开合情况，并与共同资助教师所在院系、教师本人共同协商，以确定下一个自主周期是否开展。但需要注意的是，评估报告的核心目的是用于对共同资助教师履行协议行为的监督和管理，并在此基础上为三方建立能够交流的前提，对教师自身的职业发展，如晋升、职称评定等方面并不会产生较大的影响。

（三）联合聘任制度（joint academic appointments）

联合聘任制度是一种允许教师与不同学术部门签订合约，受大于或等于两个高校内学术共同聘任的制度，合约签订后，教师接受的是相关所有部门的聘任。那么在教师参与到跨学科研究工作中时，就可以在该制度的指导下，与跨学科研究中所涉及的所有学科所在单位进行合约签订，在此种模式下，教师在跨学科研究过程中所进行的工作能够得到更加清晰、明确的承认。美国密歇根大学作为美国著名的公立大学，一直鼓励教师从事跨学科研究。为促进跨学科研究活动的展开，大学专门建立了跨学科委员会，该委员会在《分委会关于跨学科研究发展的建议报告》中提出了建设跨学科评价体系，并提出了许多有益的建议。学校出台

《密歇根大学联合聘任指导原则》作为正式制度性规范，以促进跨学科工作能够吸引更多教师参与进来，为知识的创新发展增速。教师所在学院需要使教师在进行跨学科研究时避免出现聘任程序上的问题，例如不同单位管理上的混乱、关系紧张、事务办理拖延甚至出现冲突等，进而造成研究工作效率上的负面影响，因此需要帮助学术办公室建立联合聘任教师的相关标准，包括聘任程序、对教师的评价方法与原则等，并保证细则能够与学院自身聘任单学科教师具有同等的明确性、可理解性，共同为高校教师在受到联合聘任过程中能够继续健康进行其职业发展。

总之，在对联合聘任教师进行聘任和绩效评价时需要遵循的原则如下：第一，在进行教师联合聘任之初，所涉及聘任的学术单位或相关院系的直接或最高负责人需要对聘任教师职业发展、学术要求等方面事务达成明确一致，商定内容包括对该教师进行聘任的程序及学术绩效评价等；第二，各院长办公室需要对联合聘任教师的评审程序达成一致，评审范围包括教师晋升、终身教授等职业发展相关内容；第三，设立“聘任基地”（administrative home），选择对象应该为所有参与联合聘任的学院或系所中的一个；第四，联合聘任教师在接受聘任后，所涉及的每一个学院或系所都应该帮助其能够融合进入学术共同体之中，并要求将帮助行为具体化为专门措施；第五，保证联合聘任教师在进行跨学科研究的过程中，其工作与在单学科院系受聘的教师所进行的科研工作受到同等认同和肯定，所能够使用和调配的资源都是相同的；第六，在对联合聘任教师进行评价时，其所在学院或系所需要对受聘教师所进行的跨学科的研究工作及其产生的多形式、多种类学术贡献进行合理的认可和考量；第七，联合聘任教师在其受聘过程中也应当为不同院系之间的合作交流作出积极贡献；第八，在联合聘任教师受聘期间，联合聘任涉及的不同院系的主要负责人需要共同帮助受聘教师解决其所遇到的问题；第九，零任务聘任（dry faculty appointments）也应当在高校进行联合聘任时受到支持，因此联合聘任教师的学院、系所需要使受聘教师的相关义务和权利受到保障。联合聘任的进行需要高校对所参与的所有学院和系所进行资金上的扶持，也就是由高校来设立专门的资助基金，以使不同的学院、系之间可以联合起来，使每一个单学科、专业都能够作为发起方来进行跨学科研究工作。

密歇根大学将跨学科教师的评价内容和标准划分为五个方面，分别是科学研究、学术贡献、创新能力、教学水平及社会服务。一般情况下，参与联合聘任教师的学院、系所会在进行聘任之前以本高校的教师聘任准则为指导对联合聘任教师的评价项目、程序和体系进行拟定，并通过协商来确定评价方式是联合式的共同评价还是单独进行评审。总体来说，对联合聘任的教师及其所进行的跨学科研究工作进行绩效评价，目的就是使教师的科研、教学等各方面工作成果得到正确认可和肯定，为更多教师更加深入地参与到跨学科研究中增加动力。

南加州大学、斯坦福大学、杜克大学等也有类似的政策。南加州大学在其教师手册中明确指出，应当对参加了跨学科研究工作，进行跨学科研究学术工作的教师增加非本学科或专业的专家评议环节，也就是由组织评价活动的负责人向其他学院或系所的专家发出邀请，作为评审委员会的成员。此外，由于跨学科研究相比于单学科来说，所需要的研究周期更长，也就是需要更长的“创业时间”，因此对处于获得终身教职之前的试用期的受聘教师来说，应当被允许有申请延长该试用期的行为。在斯坦福大学中，跨学科研究任务可以由系和专门进行跨学科研究的机构，或者两个不同学科的系一同进行；在联合聘任教师的薪资、福利待遇及聘任终身制等方面，也应该由联合聘任的单位共同承担和承诺；因此受聘教师在不同联合单位中的工作划分也需要由共同承担跨学科研究的单位进行协商，并达成共同认定的结果。在杜克大学，改革教师绩效评价和聘任政策，要求在大学所有学术单位的教师绩效评价和晋升中，考虑教师的跨学科工作。通过联合聘任的方式对跨学科研究教师进行聘任和评价，已经成为美国很多大学促进跨学科研究的聘任和评价方式，这种聘任和评价方式尤其受到大学的青睐。美国跨学科委员会调查显示，接受问卷调查的教务长有超过 75%的人认可本校实施联合聘任的聘用和评价方式，而从事跨学科研究和教育的教师占比最高可达到 10%。

四、跨学科研究教师绩效评价的特点

（一）评价制度创新，且灵活多变

在美国的高校中产生了对于跨学科研究中教师工作成果、科研贡献等评价模式的多样性，以求能够应对在其评价过程中可能出现的一些较为复杂的问题。以对参与跨学科研究教师聘任制度和评价体系改革入手作为动力，创新跨学科研究中教师的绩效评价规则，提升对教师工作成果及贡献识别、评价的合理性，来从制度上为想要参加跨学科研究的教师提供受保护的安全环境，进而激发教师参加跨学科研究的兴趣，使在单学科的传统研究中已经服务多年，并有成果立足的教师们能够安心加入跨学科研究的相关平台之中，使教师在进行跨学科研究工作的工程中能够全心投入，帮助跨学科的研究平台吸引并保留住优秀的教师资源。当语境由传统单学科研究转换为跨学科研究后，人员管理和研究工作的复杂性随之提升，作为开展这项研究的相关学术组织、机构或平台就需要在政策上提升自身的灵活性，创新教师的职位晋升、终身教职等评审机制；对教师进行聘任时需要考虑将工作重点放在跨学科研究人员的优先性上；为已经建立起来的从事跨学科研究的工作团队制定成果贡献和识别机制；在薪资报酬方面，实现跨学科研究者与单学科内研究者之间的平衡。学术机构不同于单学科的院系平台，具有向跨学科研究单位进行资源分配的需求，因此可以不局限在院系的预算程序之内；适当启用具有灵活性的资源（如种子基金、辅助人员和空间），为跨学科研究提供助力。

（二）设置专门的管理机构总体协调

跨学科研究必然要涉及两个及两个以上的学科平台及相关人员，因此跨学科研究对于合作性有着更高的要求，在跨学科研究得以进行和运转的过程中，所涉及的主体数量相比于传统单学科研究高出很多，意味着不同利益的代表众多，这些主体并存于跨学科研究这一项目之中，带来了跨学科研究的特殊性。而对参与其中的教师进行评价时，应该使教师的绩效评价回归其真实、客观的贡献及能力本身，因此专门对跨学科研究进行管理的总机构的设立是非常必要的，这一认识也已经在各个大学的实际行为中有所体现。通过跨学科管理机构来尽可能地协调不同主体之间的冲突，使所涉及的多个学术单位、平台之间能够在最大限度内达成共识，以做到对教师进行公正、合理地评价和管理。

（三）清晰明确的评价标准，以促进教师职业发展为导向

即便是在跨学科研究中，评价教师也仍旧以促进教师职业发展为目的，来制定能够对教师的工作进行公平合理的认识，并具有同一性的评价标准、内容及原则。在对参与跨学科研究的教师进行研究工作之前，都需要与聘任机构或者管理部门等首先明确所要进行的项目内容、计划，厘清所要参与的跨学科研究的工作

要求、研究内容以及与之相适应的评价标准等，并签订备忘录。基于此，在跨学科研究中所涉及的不同学科、专业、院系之间在教师评价、成果认定、资源分配、资助标准等方面的差异就可以在教师进行实际研究工作之前就被充分地认识和考虑到，能够及时地将差异弥合、平衡起来。在制作相关跨学科研究的教师成绩与成效综合价值评定规范时，也要着重考虑跨学科研究的非确凿性以及项目进行过程中的或然性，即便是一些跨学科研究工作最终未能取得成功的结果，但曾经切实参与到其中的教师的付出却是应该受到认可的，教师在研究过程中的时间、精力等各种努力是应该被承认的，这样才能使教师所受到的评价是公正且合理的，使得教师对于跨学科研究工作的参与积极性不被打消。

第四章　国内外高校教师绩效评价制度

本章节主要对国内外高等学府教师绩效评价体系规范进行展开论述，就国外与国内的高等学府的教师绩效评价体系规范进行分析探讨以便更好地指明确定成绩与成效综合的价值评定的体制机制，创造一定的理论路径以供参考。

第一节　国外高校教师的绩效评价制度

一、美国、加拿大大学教师绩效评价制度

美国、加拿大依照自身的教育主要体制机制以及管理制度的特质和特性，故而没有建立起一致的教师价值评定的体制机制，依旧为零散的、不成体系的，但是就各个孤立的高等学府而言，都非常注重教师价值评定。这两个国家就高等学府教师的绩效评价体系规范也形成了自己的固有模板，其中包括价值评定的细则、流程、途径、衡量参数、结果用途等方面。

（一）美国、加拿大高校教师评价制度的基本模式

1. 评价标准

美国本土关于教师价值评定有着一致的规范，其中包含国民素质教育，相关规定由美国联邦教育部颁布，依照“不让一个孩子掉队”（No Child Left Behind）的计划方案，对教职工上岗有如下要求：一是教师任职的必要条件即需要具有教师本人的个人能力、水平及素养的认定证明以能够确保其可以担负起教师的职责；二是教师任职的学历要求即必须具有全日制学士学位及以上学位的学历教育经历；三是教师任职的基础即务必贴合国家、社会及学校对教师的规范和要求。总结来说，美国、加拿大高等学府教师的价值评定的规范由三部分构成，分别为教育教学的能力和水平、科学研究的能力与水平、社会服务的参与度及贡

献，依次占比约为2/5、2/5、1/5。专注于全面素质教育的通识学院更注重教师的教育教学的能力和水平，以便学生能够在教师的带领下发掘自身潜能、实现全面而自由的发展；社区学院则把全部重心放在教育教学的能力和水平上。

通常来讲教师价值评定的相关规定由上至下有三个层次，分别为校方规定、职务名称的规定及学院系所学科的相关规定。

校方规定：位于美国得克萨斯州休斯敦的一所公立大学——休斯敦大学的教师价值评定重点关注教师在学术所取得的成绩。休斯敦大学的教师不仅要在教育教学的能力和水平上出众，而且学问研究的能力需要过硬、对学生的服务要达到最高的标准。想在这所大学任职的主体在面试时需要展现出教育教学方面的过人之处，在自身学科的研究上拥有宽广博大的学识、自己有一些不同于他人的见地且为学科发展奉献了自己的力量。不仅如此，候选人还应在主流期刊上发表过自己的论文、评价审核的叙述抑或是一些便于公共交流的网站。

职务名称的规定：如果教职工被赋予终身教授（tenured professor）一职，这一教师需要在自身所在的学科中有自我的见解、在前人的基础之上形成评判性成就即创新，还需要助推学科乃至学院学校的发展。对于一经聘请任用其聘期便可延续到退休的高等学府教育体系中职务名称的最高级别的申请者，其上交的个人材料需要系所或学院同为教授的教师进行评定审核并且要加之一些社会外界评审员的盲审使之结果更加客观合理。上交的申请书需要证实其学术能力水平较高、创造力较强、教育教学方法得当且对学生的帮助贡献有目共睹。

学院、系所、学科的相关规定：各学院、系所、学科就专门岗位的升迁与聘期延至退休的评价审核均有相关的体制机制，以确定申请人在学术圈子内有自己的一席之地且表现优异。价值评定的标准需要学院最高负责人审核批复，与此同时，校内教学行政工作最高负责人需要就学院或系所上交的价值评定的规定进行核查并最终定夺。

2. 价值指标

美国、加拿大这两个国家就高等学府教师价值评定的恒定参数存在的差异也有许多相同之处，即绝大部分高等学府均从教育教学的能力和水平、科学研究的能力与水平、社会服务的参与度及贡献这三个维度进行考量。依照美国休斯敦大学《专业技术职务晋升与终身（制）评审指南》（Promotion and Tenure

Guide-lines）这一手册中便可以了解到美国高等学府的教师在价值评价时所需要考量的基本参数。

（1）教育教学的计划中所规定达到的目标值。主要考量教师在教育教学中以及针对学生的指导教育工作等方面所做出的成绩，具体包括以下两个方面。

①教学及其项目中科目和进程的进步与改良。教师在教学科目和进程中所取得的成绩主要由课程中叙述性纲要、教师意见与提议、制作课程所需 PPT 等要素构成。教师在项目中科目和进程所取得的成绩主要由为学生提供相应的修改意见和建议、指引指导研究生科学研究、跨学科项目的研究与设计等方面构成。

②除此之外还需证实该教师在教育教学、学生工作中所作出的努力的凭证以及在教育教学中所取得的学术成果。

（2）科学研究的计划中所规定达到的目标值。主要考察教师的科学研究的能力与水平、学术成就及其他创造性成果，具体包括：专门学科中研究学术的创新性成果、将要录用的期刊、最能体现作者思想水平学术作品、公开发布的学术言论和报告宣讲等。在科学研究中获得过哪些赞助和上级拨给款项以及在其他领域、方向中取得的成绩。

（3）社会服务的计划中所规定达到的目标值。主要考察教师对系所、学院、学校所作出的努力及贡献；对所在领域、学生所作出的努力及贡献；对部分能够增强其专业的活动所作出的努力和贡献，其中包括在专业团队中任职职务、对所在社区和人民群众的帮助和扶植。

从以上种种计划中所规定达到的目标值可以看出休斯敦大学就教职工价值评定的恒定参数覆盖面广、囊括领域全、重点突出性强，在谋大局的前提下既注重教师的各方面全面发展，同时也突出了价值评价的主要参考数值，这样做有利于形成两点论与重点论的统一，可以科学全面真实客观地评价一位教师的全方位素养及专业能力和水平。

3. 评价方法

美国、加拿大针对高等学府教师价值评定的一般路径是通过教师自身评价即教师按照校方对教职工的要求就自身教育教学的能力和水平、科学研究以及社会服务和贡献三方面进行自测；同事间和同行评价即要求周围所处环境在此处除自己外的其他教师的相互打分；学生评价即学生对教师的教育教学以及满意程度作出评价。加拿大维多利亚大学将教师自身评价、同事间和同行评价、学生评价三者评价并驾齐驱的路径称作“三角原则”（Triangle Principle）即三者在教师的价值评定中所占比值是相等的，依据此原则学校负责人、学院系所负责人结合三个方面对教师进行考察核定层级划分。

（1）教师自身评价。申请人首先需要对自己进行自评自测，并在此基础上提交一份简要的自述，其中囊括其学术方向、成果以及对未来工作的憧憬与改进。此外，申请人需要向系所提交评定审核所需的文书，其中包括个人简历和各项价值评定规范所需的证明。

（2）同事间和同行评价。当系所接收到申请人上交的自身评价文书后，系所负责人会向社会外界有一定影响力的专家学者发邀请函，诚邀其作为评审人对申请教师作出外部评价。评价审核邀请信数量不一，但要求最少不能少于三封即最少需要邀请三位专家学者。系所负责人在给外界评价审核委员的信件中务必将申请人所在的系所及其工作内容简明扼要地叙述清楚，并且表明回复信件的最后期限。按照职务名称和终身制价值评定流程的相关规定，申请人本人不能浏览社会评价审核委员的信件。一般来讲，评定审核信中同意人数过半才能通过并向上级推荐，主要是因为学校内、学院内乃至系所内对申请人的各方面状况都较为熟知，并且在美国、加拿大高等学府业岗位申请的竞争极为激烈，常常出现一个职务多人竞争的状况，因此，同事间和同行评价需要严格把控。此种价值评价的路径有助于全面了解申请人的优势和劣势，是一种较为常见同时也极其重要的评价方法。

（3）学生评价。其焦点主要放在教师的教育教学能力和水平的价值评价上，其中教师针对教育教学的成效与结果排名囊括所有助理教授或副教授级别的课程。欲升迁至正教授的教师需要上交在前一次升迁后或近十年的教育教学课程的价值评价证明。其结果只需在表格当中体现出来，其中包含对该位教师所有课程的价值评价、课件以及调查价值评定中所反映出的级别。

加拿大多伦多大学在学生评价中有具体规定其学生要根据所学科目的课程理论与实践层面的习得对教师所承担的全部课程进行合理的价值评定。教育性经验的资历调研包括教师自身的价值评定、教学技术层面的使用与创新、教学成效与结果、较为主要的学习心得等；实践层面的课程调研主要包括学生参与课程之中的探讨所论述的文案和课题自身所论述的文案，并要求学生对所有需要价值评定的课程进行全面综合的考量，其中的规范具体全面，从完全同意到完全不同意共分为七个层级。

4. 评价程序

美国、加拿大高等学府的教师价值评定的具体操作流程中通常包含系所内评价、学院一级评价及学校评价。如休斯敦大学《专业技术职务晋升与终身（制）评审政策》就对以上三个层级的评价流程进行评定审核前的前期准备工作、评定审核过程中的实际操作工作都有明确翔实的说明。又例如普林斯顿大学《教员章程、评审程序及其他相关规定》这一细则中对教授的任职和升迁都做出了详细的规定：所有有关教授聘请任职或升迁的建议都需要以文书的形式通过系所负责人撰写并交由学院负责人，再经由学院负责人交由学校主要负责人。而教授的聘请任职应该经过所在学院系所中所有教授及终身副教授组成的委员会一致表决、正式通过且投票数额达标后才可以上任。由于教授升迁的建议应该由系所负责人结合情况向学院提出，学校负责人需要向教师顾问委员会提交有关该申请教师任职教授的聘请任用提议，而后由校长向校理事会上交较为合理切实的推举意见。副教授、助理教授的上任与升迁与教授的相关流程相似。

5. 教师评价委员会

获得相应资质组成的专门评定教师价值的委员会在对教师进行聘请任用、升迁等价值评定工作时占据较为重要的位置。无论是美国还是加拿大，其中的大多数高等学府均设立相应的教师价值评定委员会，并且将其做出的最终结果作为教师价值评定的决定性因素，占据较高的份额且拥有较强的话语权。加拿大韦仕敦大学设定成立了推选生成的一经上任便可工作至退休的终身教职委员会，该委员会有终身教授5人，担任职务的法定期限为36个月。委员会主席在5名终身教授中投票推选产生，要求其具备一定的履历和经验。在进行相应的教师价值评定时，该委员会共需召开三次集体会议方能作出决议：第一次需要探讨核查候选人自行上交的材料，主要查看是否齐全，如有需求，则告知候选人提供更多的信息材料作为佐证；第二次会议在核实第一次会议所需信息已经完备的基础之上邀请申请人所在系所的主要负责人就候选人的基本情况、优势与劣势和目前系所对其职务升迁的需要作出详细陈述；最后一次是委员会集体讨论，投票数过半则由委员会主席生成一份会议纪要结果评定的文案，主要从教育教学的能力和水平、科学研究的能力与水平与对社会层面贡献等方面对教师进行第三方述评，形成书面的价值评定意见书供校方负责人或董事会参考。

6. 评价结果的使用

在美国、加拿大，高等学府教师的价值评定结果主要用于教师的聘请任职、升迁、涨工资等方面，使其作为主要根据。事实上，在各等级的教师职务聘请任用和升迁上，都要对教师进行全面的价值评定，结果为及格以上方能聘请任职或升迁，如若结果为不合格则不能聘请任职也不能升迁。在新教师上任一定时期内，教师需要在一定时间段内通过思想品德、身体状况、劳动能力及态度、教育教学能力和水平等一系列考核符合要求后方可转正。如麻省理工学院对其有明文规定，招聘上岗的助理教授需要经历三十六个月及以上的试用期考核才有晋升资格，如在试用期第四年或第五年通过教师评价考核且考核结果在合格以上可以晋升为副教授；在试用期第七年再次进行教师评价考核，且结果不仅决定该教职工的去留问题，也涉及是否可以晋升为一经聘用便可延续到退休的副教授职务。若综合评定后认为其教师不适合升迁，学校将与该教职工解除劳务关系。普林斯顿大学与麻省理工学院就教师价值评定结果的使用途径方面大同小异，普林斯顿大学助理教授的试用考核期为 6 年，前三年为第一阶段而后需要对其进行价值评定考核，考核成绩合格以上才能留任，否则解聘且没有升迁副教授的机会，留任后再过三年二次价值评定决定其能否升迁。

教师价值评定的结果也可以决定教师是否可以涨薪以及工资涨幅。如休斯敦大学明文规定，凡在价值评定中结果为合格的教师其工资可以上调 2%～4%，极少数优秀者可以上调 10%。不难看出，教师价值评价结果较为深远的意义在于通过教师价值评定的体系规范可以提高教师自身各方面的能力和水平，也可以拉动教师整体队伍的发展及成长，从而达到提高高等学府教育教学能力和水平及科学研究的能力与水平、社会服务水平的目的。

7. 对终身教职任职后的评价

教师在取得终身教育职务之前，需要通过严格的评定审核，经过层层筛选有较为漫长的实习期，每一步的价值评价结果均为合格及以上时，才能取得终身职位。价值评定的流程和路径与其他教师的价值评价体系大致相同，但是二者相比而言，终身教职的价值评价的规范和恒定参数更为严苛。但是，即便如此，部分教师在取得终身教职后懈怠放松，对自己的要求放宽使之工作激情骤减，不再专心学术研究，破坏了一经聘请任用便签署至退休合同的教职工体制机制的初衷，其劣势日渐暴露。因此，在全社会充满竞争和流动的大环境下，抨击终身教职制的呼声越来越高。

为了较好的扬长避短，各高校就终身教职的劣势采取多种路径和途径对其进行革新。在美国，各高等学府于1980年以后开始引入终身教职任职后评价，以便更加关注教职的业绩且推动教师职业生涯规划的发展及成长，关于终身教职任职后评价的有关政策文书于20世纪80年代中后期被美国大学教授协会采纳并推广使用，在20世纪90年代以后这种价值评价的体制机制大范围推广且取得一定的成效。但是，大多数高等学府引入终身教职任职后评价并不是惩戒性的而是警示性的、革新式的，只有在多次预警不改进不听劝阻时才会将其解聘开除。在美国休斯敦大学中每三年就会对取得终身教职的教师做一次价值评定，如果某教师在任职的两年内没有任何科研学术成果，学院系所和学校会利用谈话沟通的方式与教师沟通并协助指定相应的改进措施，如果谈话后两年内仍没有任何改进，则会酌情考虑其教师是否适合科研学术工作，或调职或开除解雇。加拿大韦仕敦大学根据此问题制定相应的解决方案即一学年两个学期开展一次终身教授价值评定后评价，并通过三方面进行把控即教育教学的能力和水平、科学研究的能力与水平和对社会所作出的努力和贡献，这一评定标准主要就新上任三年内的终身教授提出。在教育教学能力和水平及方面设置了满分七分制的规范标准，教授需要在三年内达到5分级以上的平均分；科学研究的能力与水平方面，3年内需要发表一篇C刊或SCSSI，在其中一年组织或参与较高水平的学术交流会议；社会所作出的努力和贡献方面，也设定了一定的价值评定准则。如果终身教授在某一方面或在全部方面达不到以上标准，学院负责人和系所负责人将会运用正向的方法和手段敦促其达标。

根据以上说明我们可以得出，对终身教职任职后引入价值评定的主要目的不是开除解雇，而是为了敦促教师全方位发展。但是如何使任职后价值评价的体制机制更加科学合理，并且能运用这种价值评价的体制机制为终身教职体制机制注入积极的动力，是美国和加拿大高等学府教育中针对教师价值有效贴切评定的主要论题。

（二）美国、加拿大教师评价制度的主要特点

在上述基础上，对美国和加拿大大学的教师管理及教师评估体系进行了简要的介绍和分析，从中我们可以发现，美国和加拿大大学的教师与大学之间存在着一种双向选择的、平等的、自主的关系。学校对教师实施了合同管理，在保证他们拥有充足的学术自由和更好的福利待遇的前提下，建立起一套科学的、系统的、严格的教师评估体系，使教师的团队能够实现竞争有序，优胜劣汰，运转高效，充满了生机与活力。美国和加拿大大学的教师评估体系具有以下特征。

1. 评价标准注重分层分类

用学校、职称和院系三个层面的标准来对教师进行评估，实质上就是构建出了一个将学校的一般性标准、院系的特殊性标准以及对教师的岗位标准三者有机地融合在一起的教师评估标准体系，这样不仅可以保障学校的师资总体素质，还可以保障院系发展的个性化需要；同时，要制定出一套严谨的任职条件，并严把“准入门槛”，以确保最适合的师资队伍能够被选拔到最适合的岗位上。

根据教育、科研和社会服务这三个指标来进行评估，这与大学在经济和社会发展中所发挥的重要作用相吻合，可以对教师作出一个比较完整的评估。教育和科研是紧密联系在一起的，二者相互补充，共同促进了学院的专业发展。虽然教育是一项重要工作，但是通过研究，可以将最新的研究成果，以及产业、经济和社会的最新趋势，引入教材和个案研究中，从而提升师生的业务素质，增加企业的实践经验，从而更好地为社会提供更多的信息。在社会服务中，可以体现出教师和社会之间的相互作用，并激励教师发挥自己的特长，为社会作贡献。所以，美国和加拿大大学对教师的考核主要围绕着这三个层面进行，只不过在考核的内容和侧重点上存在着细微的差别。以科研指数为例，尤其是对于大学而言，大学的声誉、地位和影响主要取决于其文章的数量和质量。因此，高校把出版多少、有多少文章，作为评价教师水准的最主要标准，必须发表文章才能在此行业长远发展。

2. 评价方式采用“三角原则”

在西方，教师评价采用“三角原则”，即教师自我评价，同行评价和学生评价，是一种较为科学的评价方法。究其原因，主要是因为教师自身、教师同行、教师同事、学生等与教师的工作密切相关，他们对教师的工作水平和质量的评价也最为敏感。教师们的自我主观评估、同事的评价、学术上的同行评议以及学生在教

学方面的评价，建立起一套科学的考核体系，把主观性和客观性相结合，把教学科研和社会服务的评估指标统一在一起。

不管是自我评价，还是同行、同事评价或学生评价，都具有很强的可操作性和科学性。例如，在美国和加拿大，大学非常注重外部同行的评估，对同行资格的认定，对评审信的数量与内容，以及对同行评估结果的运用，作了详细的说明。从而使评估的结果更加客观、公平。

3. 评价程序严格规范

美国和加拿大的大学教学评估流程大致分为三个级别，分别是系内评估、学院评估、学校评估，一层层地审核，只要经过前面一道工序，就可以进行下一道工序，每个步骤都有严格的规范。例如，在休斯敦大学的《专业技术职务晋升与终身（制）评审指南》中，就有以下的内容。在开始评审前，各学院的院长应于一月底前将有关专业技术职称晋级及终身制考核的规定及流程报至教务长办公室。在评审过程中，由一个部门审核委员会来完成评审，并为应征者撰写评论。系主任对审查过程中出现的问题负责，并对过程中出现的问题进行改正。经评估后，若不同意受聘为终身教授，则受聘人需要提交有关资料，向委员会或院系主任提出申请，予以考虑。在再次审核之后，审核小组将对应聘者作出书面回复。系主任将向院长提交委员会的表决结果，包括委员会的评估，系主任的决议，以及审查意见。学院和学校的审查也是如此。

经过对此进行分析，我们可以发现，系内评审流程非常详细，具体内容如下：预评政策、指导方针和教师预评资料的编制，委员会和系主任的责任，评审建议，申诉等。严谨细致的审核流程，专业的审核小组，确保审核结果的合法公正。

4. 教师评价成为高校的行业自律规范和规则

美国和加拿大的大学没有一个全国性的评估系统，但随着大学管理体制的变革和发展，不可避免地要结合大学的实际情况，制定出具有自己特色的一种自我约束机制。美国与加拿大的大学都有自己的教师评估体系，尽管二者之间存在着一定的差别，但其评估体系的架构、主要内容及评估方法与过程却大同小异。它是一个没有被列入全国和教育部的一个正式体系，但是被各大学所接受。无论是在美国还是加拿大，只要是在大学任职，就一定要遵守这个规定，并经过严格的考核和评估。

由于教师评价与教师、学校及学科的发展密切联系，因而在美国及加拿大高等院校中逐渐形成了一种产业的自我约束标准及规章制度。例如，教师评估准则及评估指数的制订都是与学院及部门的重要功能及策略性发展目标密切相关的。评价指标是根据教师的职责来制定的，而教师职责又是从学校的使命与志气演变而来的，这种方式就确保了学校的发展目标能够被一层层地向下分解，并且能够将其执行到具体的工作中去，通过对教师工作的评估，可以对学校战略的实现程度进行检验。所以，评估体系并不只是注重对教师个体的职业发展，还可以利用院系计划、交流以及院系人员共同参与的管理，来促进学校和各院系的发展。

除此之外，教师对学校应该承担的职责包括很多方面。通过建立评价指标，为教师们提供了一个可以让他们对自己所在院系和学校中的主要职责有一个认识的流程，从而让教师们在追求自身发展的同时，能够与学校的发展目标相结合。评估程序向受测者提供来自各个领域的反馈，以及对其工作和成绩作出的坚持不懈的努力。通过对评估结果的反馈，可以让被评价者对自身工作的成绩和缺陷有一个全面的了解，了解到学校、院系、同行和学生对自身工作的评价信息，进而在未来的工作中持续改进。

二、英国大学教师绩效评价制度

英国高校对教师的评估通常是从科研、教学和管理三个层面来进行的。过去，科研一直是占主导地位的工作，这不仅是由于其最易于衡量，其还是高校教师事业发展的最佳指示器。从实践的角度来看，很多高校只是根据研究来评定，根据科研结果和专利来评定。就课堂教学而言，每次课后都会根据学生的意见来进行评估。

（一）英国高校教师绩效评价制度基本模式

1. 评价目的、功能和领域

教师评估指的是教师与他们的评价人，通过对他们各自的工作成果和绩效进行定期的剖析和探讨的活动，旨在提高教师的专业水平，促进教师的进步，而在这一活动中，最为重要的就是正规的评价讨论。根据评估的目标，评估可以分为三种类型：奖励评估、潜力评估和业绩评估。教师评估应该综合考虑三类评价的特征，并符合以下 7 个方面的要求。

（1）在某种意义上对教师工作表现进行客观评估。

（2）识别出个体和组织的长处和潜力。

（3）改善企业人员的管理与计划。

（4）确定对师资训练发展的需要。

（5）鼓励教师们为达到机构的目的而奋斗。

（6）推动教师专业成长与进步。

（7）对学校组织和行政效能的考察。

英国高校对教师的评估，一般是与教师培养和发展的需求相结合的。在每年的“评估性面谈”（appraisal interview）中，学院会与院长进行交流，以此作为自己的发展目标，并在第二年对其进行评审和修改。对新教师的这种发展式评价更加突出。比如伯明翰大学的一名新教师，就必须向院长提交一份新教师的年度进度报告，院长就可以对新教师进行一次评估，评估他们一年来的成绩、达到的目标以及培训的要求。斯塔福德郡大学（Staffordshire University）的教师评价方案具有以下功能：帮助个人在符合大学需要的情况下获得更好的职业发展；讨论及确定对于当前和今后工作的培训及发展需要；改进每名员工的绩效；是一个用来确认个人成就的正式机会，并庆祝成功；是一个增进工作联系及改进组织工作的机会；是一个有澄清作用和责任的机会；确定系（部）发展与个人的联系。

在曼彻斯特大学，为了达成大学的 2015 年远景目标，大学进行绩效和发展评价来促进研究、教学和管理取得更大实效。这种评价不仅对于个人是重要的，而且对于组织的发展也是至关重要的。这种绩效与发展性评价的核心原则在于以下内容。

（1）这种评价是每名成员都参与的一种正规的年度评价。

（2）要设定相互认同，可达成的目标作为指导和平衡个人的贡献。

（3）确认发展需要和计划来使个人、小组和大学的目标更容易达成。

（4）决定个人和小组朝向目标达成所需要的资源。

（5）监督为达成上年度评价目标所取得的进步。

曼彻斯特大学将对学生的表现进行评估，并将其与个人的贡献以及对事业发展的渴求相结合。此类每年评估的范围包括：在最近 12 个月内，在不同的活动和情况下所获得的成果；未来业绩的继续提高有利于个体和组织双方的共同利益；就上述事项对此问题进行商定。评估除了要确认教师的成绩，更要明确培训需求，指出可能阻碍教师、部门和学校达成目标的因素，并协助受评人。评估则侧重于个体对自身成绩的评估以及对自身能力的肯定。评估的最后成果是：对最近几年的成绩进行综述；就下一步的工作目标取得一致意见；就学习和开发的目的和方式（或与之相关的其他资源）取得一致意见。

业绩与发展评估使教师有机会与他们的主管人员就他们的工作状况展开直接的讨论。被评价者可以从过去、现在和未来三个角度，反思自己所取得的成绩、遇到的问题和发展的需求。

对于以往成绩的方面，应注意如下内容：以往时期的目标、任务、优先事项是否已实现；取得的成就是什么；对于取得的成就，哪些因素尤其重要；自己最喜欢的工作是什么，以及原因是什么。当自己没有获得成功时，要思考下列问题：目标、任务、优先重点在过去一段时间内被实现的情形，会产生什么问题？采取哪些措施可以防止出现这样的问题？有没有什么超出可控范围的问题，最不喜欢的工作内容是什么？对以往出席的各种会议、开展的各种岗位培训、所参与的各种培训、学校的各种项目进行反思，并考虑这些项目对自己的帮助，以及在工作中是怎样进行学习的。

针对目前的工作，应考虑如下方面：目前的工作任务和目的；目前的工作负荷能否应对，以及所需的协助；是否有特殊的训练需求；在接下来的 12 个月中，你有哪些目标、优先事项和工作；完成目标和工作所需的协助，例如设备，信息，时间等；是否存在能够预测到的问题，将给实现上述目标造成阻碍；哪种开发或训练是有益的；像是新的训练计划，阅读，网络教育，会议等，执行这样的开发活动将给你或你的机构带来怎样的好处。

2. 评价实施的主体

英国的高校通常会建立一个特别的管理组织来评估教师，例如，建立曼彻斯特高校师资的高层管理小组和高校师资的评估小组，组建斯塔福德州立大学的教师发展与服务团队，它们负责领导并组织对教师进行评价。制定和执行评估计划，挑选特定的评估人员，并对评估结果进行分析和总结等其他与评估有关的工作，都是由这几个专业的团队来完成的。特定的评估人员通常是被评估人员的直属上司或者高层，他们通常对被评估人员负责，能够起到很好的作用。这是由于在评估中，评估人需要有自信和权力去影响被评估人。

斯塔福德郡大学的评价报告中清楚地规定，评估人员必须高于其主管的被评价员，并具有某些直接的管理职责，可以对被评估员的工作表现和发展产生一定的影响。如果被评估的教师对被评估的评价者感到不安，则可以指定该评价者的经理对其进行评估。

3. 评价过程

评价应当成为一种信息交流、经验交流和反馈的活动，成为一种认可个体成绩，提高个体业绩，确立个体目标，促进个体事业发展的正规机会；是关于学校机构与运作的一次探讨。

尽管各个高校的评价程序不尽相同，但是由于各个高校都做了周密的安排，评价程序还是有许多共性的地方。本书将通过斯塔福德郡大学的案例，具体说明该校的教学评估流程，以期能让大家对该校的教学评估流程有一个大致的认识，并能从中看到英国高校教学评估的某些特色。斯塔福德郡大学对教师的评价主要由如下的程序组成。

第一步，为评估人员提供对评估计划的了解，并为评估所涵盖的范围和所需关注的问题做好全面的准备，这些训练既包含了过程训练，也包含了技巧训练。

第二步，教师训练与服务团队就下一年度计划的执行方式交换意见，并取得共识。

第三步，教师队伍及服务团队将会为评估人员及评价的实践提供指导。

第四步，评价人员与被评价人员进行事先的会面，并给他们一份有关的资料，其中包含了评价表以及有关的指导意见，并就评价人员在评价中所遇到的问题以及流程等进行解答。

第五步，受评者将完整的评估表单送回评价人员。将评估表格以一种问卷的方式进行设计，可以让被评价者对评估讨论所要包含的问题进行更多地考虑，被评价者应当将表格在进行评估的前一星期提交给评价者。预先填写的评价表可以帮助评价的讨论更准确且更有意义。

第六步，评价员做好评语及有关的预备工作。在进行评语讨论前，评价员应该根据受评员所提出的资料增加相应的评述。评价人员应当根据表中所涵盖的范围，做出自己的评估和观测。若评价员事先不知道被评价人员填好了什么表，最好是在参加讨论时把表带来。

第七步，开展一次评价的研讨。大部分的评价会议都会花一两个小时，以保证会议内容涵盖了讨论的全部内容。评价人员应当激励被评价人员进行讨论和提问。对于操作和可能的培训需求，应当有文件记载。

第八步，为工作目的和训练需求制订一项行动方案。大部分的信息都是在评价过程中共享的。行动方案是一份让各方了解训练目的和发展需求的工作文件。评价行为纪录是评价的正式纪录。一致意见应当基于实际的时间考虑。

行动计划应当分成两个方面。一是“目的与措施”。这一方面包含了一些特定的工作、有关的项目、提高品质以及开发工作；二是训练与开发的需求。在讨论期间，评估人员或被评估人员可以提及训练开发需求。当然，并非所有人都有这样的需求，因此，没有必要将这些需求记录下来，以便让评价的交谈变得有意义。并且，训练与发展并不只是出席训练班或开会那么简单。而当训练与开发的需求被决定后，又会牵涉一些问题，如何实施，以及所需的协助等。

第九步，评估两个当事人是否签署了该行为计划书。若受评人对计划有不同意见，则可向评审员索取意见。两个人都必须有一个备用的计划。评价会议和先前的形式应当仅限于评价各方知晓，有最后的结果后才能提交。

第十步，提交行动计划。行动计划应当提交到一个专门负责协调和搜集训练需求的教师发展和服务团队，该团队一般为高层管理层的一位成员。提交行动计划，可以对实施方案的可行性、实施过程中可能遇到的难点和所需经费等作出判断，以保证资料收集的准确性。

第十一步，随机的后续评估。为了避免在评估结束后，形成的方案被抛在一旁，或者出现活动过期等问题，评估者要不定期地与受评估者会面，这样才可以确定根据方案所获得的进展。

第十二步，在评估完成之后，教师的训练和服务团队将会对该计划以及相关的资料进行整理，以完善该计划，为教师们带来相关的训练和发展的机遇。

（二）英国大学教师评价的特点

1. 以教师发展为着眼点，侧重发展性评价

英国高校对教师进行评估时，更侧重于对其自身发展的关注，更侧重于对其

进行合理的培养。第一次在1989年被牛津大学引进，随后在1996年与1998年进行了完善。该项目有双重目标：一方面，让教师有机会反省自己所做及打算做的事，另一方面，也让教师有机会就学校如何改善工作及工作环境提出意见。为确保评估的正确性，评估计划与奖惩、续聘或升职无关。

曼彻斯特大学的考核计划很清楚地表明，这是一项表现和发展方面的考核计划，为了确保考核的公平和公正，考核的成绩不能与升职挂钩，这也是为了确保考核的公平性、公开性和建设性。该评估的目的在于促进教师的成长，而非与处罚相关联。

2. 教师评价方案实施的精心准备

英国高校在对教师进行评估时，通常要进行周密的筹备工作，包括建立一个评估领导团队，对特定的评估人员进行训练等。英国高校通常为教师的考核制定专门的考核计划，而考核计划的制定又是严谨考核的成果。计划书经常要修正多次，计划书制定时要考量诸多因素，一年内若有问题，两年后又要再次修正。要让执行评估者接受系统性的训练，就是要对其进行专业的训练，并对其进行针对性的训练，包括评估的目标、评估所涵盖的范围、评估所要求的技巧等。斯塔福德学院根据评估人员提交的指南，在评估过程中，对评估所包含的各个方面都作了详尽的阐述，可见主办方对评估工作的精心筹备，而且给予了很高的关注。英国高校为评估人员制定了相关的准则，这也为评估工作的顺利开展奠定了基础。

3. 以评估面谈为主要形式

英国很多高校的教师评价集中在以评估交谈为主，也就是一种评价性面谈，是评价者和被评价者进行的一次面对面的交谈。每个被评估人都会被任命一个评估人，两个人会对评估中所包含的各项问题展开深入的探讨。评审员经常是受评者的负责人，对受评者具有很大的影响。在这样一次面对面的谈话中，对谈话的两个人都是有一些要求的，他们要谈论的问题必须有一个共同的主题。评价者要掌握整个过程，并对被评价者提及的发展需要等进行及时的记录。评价者要对被评价者很了解，对学校的政策等也很了解。

被评价者则需要对评价做好充足的准备，并将所要递交的材料按时递交，同时还需要对评估交谈的过程有一定的了解。只有在双方的紧密合作下，评估的真实性、有效性和建设性才能得到保障。评估指的是一个给予和接受信息的过程，它是一个当面进行分析和解决问题的过程，是一个评价者为被评估者提供协助和引导的过程，它还是一个传播价值和观点的过程。

三、德国大学教师绩效评价制度

德国大学对教师，特别是对教授职称的评定，都要进行一次年度的评估，这一评估要更加地苛刻，而且有很多的限制。如果一名高等专科教师需要在校外工作三年，并且在获得了博士学位之后，还需要做较长时间的助理工作，那么他的合约可以延长到六年。在这个过程中，他们需要进行一些研究，写出一些有价值的文章，获得一些教学和科研的资格，这样他们才可以有机会成为教授。

（一）德国大学教师考核与评价的主要内容

德国对教师进行评估时，其评估的严肃性，主要表现在对教师的选拔上。由于申请的教师只能在其他学校任职，而不能在自己的大学任职，对教师进行评估是最严厉的。聘用教师的程序将按以下方式进行评估。

1．科研

学术成果评估的方法有两种。第一，对他们的研究结果进行分析和评估，并以此作为对他们的研究结果的度量。这些标准不仅包括了一般出版机构出版物的数量、厚度和篇幅，而且还包括了知名出版机构出版物的数量。以可利用的数据为基础，对申请人的科研能力和未来可以获得的学术成果进行推理，在评估的过程中，出版的杂志论文和专著所占的比例会因为专业的特征而有所差异。为了依据发表论文的数目判断其学术水准，各出版社都会对论文的内容进行审核。除此之外，发表的论文数量、获得的科研成果、获得的专利数量、获得的奖励等，都是影响其质量的关键因素。第二，针对不同的评估对象，引进不同类型的专家进行评估，通过专家评估，对其研究、教学等方面的成就做出个体化评估。在挑选同类专业人员时，并没有一个明确的准则，但通常会考虑到他的博士生导师以及在获得大学教学资格时，他所在学校的知名度，以及他在国际、国内专业领域中的学术声誉，以及他与申请人在学术上的合作经历等。

2．教学

在对教师的教学能力进行评定时，最主要的标准是每个申请人都应该已经完成大学授课的课时，以及已经被证实具有教学经验经历，与这一点有关的大学生投票也在某种程度上发挥着影响。当然，对教师的教学能力进行评定并不只是任命委员会中的大学生，而是任职学校中的所有大学生都可以参与进来。教师所指导的学员所拥有的学位文章数目、所接受的考核等，均可作为评估其教学水平的参考。

3．自我管理

除专业技能外，申请人还必须具备某种管理技能，对此，各州高校法律都规定，高校可以尝试采用新的聘用方式。教师通往大学教授的道路是漫长且不可测的，在高校取得第一个学位后，要经过平均总计12年的学术成长阶段：博士阶段（4～5年）和博士后争取教授备选资格阶段（7～8年）。获得教授备选资格的学者不得在本校初次应聘教授职位；C3教授不得在本校竞聘C4教授，这使得德国大学教授保持了较高水平，这种机制本身就是一种质量保证和评价考核的原则。而教授职位只有空缺才会招聘。由于教授职位相对固定，所以教授职位的获得往往是在激烈的竞争中通过长时间考察和层层淘汰后授予的，对于中层人员具有很大的不确定性。而一旦被聘为教授，则获得了职业安全保障，成为国家公务员，终身拥有。而且只有C4教授的特殊津贴与工作业绩有一定联系，而大多数教授的工资是同工龄和职位联系在一起的，所以对教授的评价在客观上对约束作用很小。

（二）德国大学教师考核与评价的特征

在德国高校的管理体系与运作体系中，高校教师的评估具有其自身的特性，而这一特性的形成与发展又与高校教师的聘任制、工资和报酬的关系密切相关。德国一直以来都没有一个统一的教师评估标准，而且在实际操作中也没有形成一套正规评估体系。在20世纪90年代初期，被评估的教师中，教授的比例仅为13%～15%。

德国的大学里，除了教授实行终身制度，其他的教师都实行任期制度。教授的职务是根据各系和专业对工作岗位的需求，经州理事会批准后才能确定的。所以一所大学里有多少位教授，都是确定的，并向公众公开。通常情况下，每堂课只能有一位教授，而且这位教授一经录用，可以任满直至退休。在德国，正规的教授都是政府公职人员，无任期，基本上都是终身制。除教授外，全校所有的工作人员均采用聘任制度。在终身制度的条件下，高校对高校教师的评估多以聘用评估为主，而对其任职期间的评估则多为忽视。这是它的首要特征。

此外，和美国相比，德国大学里的教师薪酬并没有很大的竞争力，教师只要和他们所在的大学签约，就无法在他们所在的大学里得到晋升。想要升职，就必须去别的大学报名。当前，大学教师的工资收入是由基本工资加上家庭补助组成的多级工资，不区分工作种类和工作范围，每两年，一名教师的薪水就会提升一个档次，最多可以提升十五个档次。而且，对于教师来说，他们也会得到一些额外的补贴，比如聘任补贴，留用补贴，以及一些特别的补贴。这种薪酬制度，可以说，在很大程度上，没有受到一位教师真实工作表现的影响。首先，级别差异，没有根据其薪资水平而定的各种级别的薪资差异；其次，尽管从原理上讲，教师的聘任津贴、留岗津贴、特别津贴等都与教师的表现挂钩，但是教师的薪资增长却是根据其所申请的职务和工作年限而定的，教师所申请的职务愈高，工作的年限愈久，获得的薪资也愈高。德国大学主席联盟表示，薪酬体系应该被改变，因为它缺少弹性，也没有对绩效的重视。

在 2002 年，德国对高校法律进行了修改，并提出了一项新的报酬体系，那就是将教师的报酬与他们的工作绩效相联系，这也就意味着，德国的传统报酬与他们的工作年限相联系的报酬体系将会被废除。在新的薪资体系中，教师的薪资包括底薪和年终奖两部分。底薪为一年制，年终奖则根据个人业绩而定。

四、日本大学教师绩效评价制度

从整体上看，日本的大学对教师的评估较先进，也较具典型意义，是亚洲国家中对教师的评估较先进的地方。然而，因为日本具有浓厚的传统文化，所以它的很多特色都是它所特有的，就它自身而言，也因为受到了传统文化的影响，所以很难对它的评价方式进行变革。日本政府与文部科学省都十分关注他们大学的变革，其努力程度与决心也是显而易见的，所以我们可以参考一下他们的做法。

（一）日本大学教师绩效评价基本模式

1. 评估原则

日本大学教师业绩评估的原则包括：评估标准与结果公开，参与式相互评估，自己与身边人的认同与满意。

冈山大学从2003年就实行了个性化的教师评价体系，并在日本产生了一定的影响。本校最新一次的师资评量是在2003年发表的，共有1 183名教师参与了评量，其中包括助理教授、讲师和教授。冈山大学制定了五条评价准则：一是根据《国立大学独立行政法人法》及1944年生效的《学校教育法》等有关高校评价的立法精神，对该校的在职教师进行评价；二是以评价成绩为基础，对学校的中期发展目标进行评价；三是以考核为激励手段，推动学校开展教学研究工作；四是在评价中要充分体现出对公众的表述职责；五是评价要体现学校教育和科学研究的真实水平。

2. 评估内容、领域和方法

教师评价系统的整体架构由工作成绩、特殊贡献、总体评议三个部分组成，其具体的评估方式是通过对教师的工作态度、出勤情况、担任的职务等进行全面评估，并将其分为A、B、C三个级别，由校长将其记录在工作评定书中。考核的成绩并不会直接告知教师，也不会直接影响到教师们的人事调动和工资的提高，只是起到了对教师们的引导和帮助作用。因其对教师的约束作用较弱，对教师的管理效能较低，日本在1999年3月对其进行了一次变革，把工作评估换成工作绩效评估，并对其实施了一套新的评估体系，并将其与人员晋升及工作岗位调整相结合。评估框架包括能力、工作动机、工作态度和绩效。评估主要有：教师对教材的引导、对日常生活的引导和对人生道路的引导；对教学工作的热情与态度；要有责任心。评价的方式也从原本的校长评价变成了教师与校长见面，从而明确自己的教学目标。之后，再由教导主任进行第一次评价、校长进行最终评价，同时还融入了家长和学生的评价，这样使评价更加全面。

对教师进行评价，主要包括了四个方面：科研活动评价、教育活动评价、校内管理活动评价和社会活动评价，采取了定量评价与定性评价两种基本方式，三年进行一次评估。各类型的定量评估资料，以学校为单位，以“个人评估问卷”为依据，由教师自行完成，并呈报给各自的主管部门。对于各院的教师，由各个学院和学院的院长按照“特别优秀”“超出一般水准”“符合一般水准”“存在需要改善”“需要改进”等五个级别对其进行评估，并将评估结果公布（表4–1–1）。尽管对于评估的成果是否与薪酬、聘任等因素有关，并未做任何解释，但是透过此个案，我们可以大致了解日本大学对教师的评估情况。

表 4–1–1　日本冈山大学教师绩效评价内容

教育活动评价	自我评价	教育目标及其合理性说明	是否符合学科的教育思想，与学生和社会的需要相适应。可改善之处（200 字）
		实际达成情况	自评在实践中达到的目标（400 个字）
		教育内容上的评价	为实现一个教学任务而设置哪些教学内容，它们是不是实现一个教育任务所必需的充要条件（200 字）
		教学方法评价	采用什么样的教学方法、教材和设备来达到教学目的，效果如何？特色是否有待提高（400 字）
		成绩评价方面	采用哪些评估方式来检测教学目的的实现情况？对有效果吗？有什么需要改善的（200 字）
教育活动评价	自我评价	对学生的指导	在教学中采取了什么措施来提高学生的学习质量，怎样改进教学环境？作用和提升的方面有哪些（200 字）
		教学所用时间	所用的时间，个人辅导，研究辅导和为实施上述辅导等所需的时间。这是一种量化评估
		其他	关于本人的教学活动的其他附加说明（200 字）
	数据提示	（1）课程：讲义，学生人数，试题，演示材料，学生作业，成绩表；（2）本科毕业论文辅导：个别辅导材料，辅导效果，学生评价； （3）研究生科研辅导：有关研究生辅导的数据，辅导效果，学生评价；（4）为学生开展的临床辅导，课外活动，社会服务等活动的辅导工作	
	学生评价	（1）采用问卷调查法，由教师进行答卷（200 字）； （2）教育教学改进方案（200 字）	
	实践记录	改进教育活动的内容，教学时间，个别辅导的学生人数，为改进教育而申请的项目和支持资金，与教育活动有关的奖励，教学改革的参与程度	
科研活动评价	发表文献	（1）已出版的论文，系列丛书，专著，译著等的书名，论文名称，出版社，出版日期，由本人负责的部分； （2）学报的编辑，文献的检索及其他有关工作	

续表

<table>
<tr><td rowspan="5">科研活动评价</td><td>口头发表</td><td>(1) 各类学会的口头发表，包括题目、社团名称、开会地点、时间等；(2) 大型学术会议，专题讲座，邀请演讲等的时间，地点，题目，名称等；
(3) 其他讲座和小型研讨会；
(4) 要进行各种类型的学术会议的组织工作，要包含其具体负责的内容等</td></tr>
<tr><td>艺体建筑</td><td>(1) 展览，演出，体育竞赛，艺术展的时间，地点，规模，获奖情况；
(2) 有关建筑设计，文物修缮等方面的信息</td></tr>
<tr><td>其他</td><td>(1) 在电台和电视台演出情况，获得专利，学会奖项等。</td></tr>
<tr><td>科研经费</td><td>(1) 各种纵向，横向，产学合作项目资金的获取；
(2) 委托研究，联合研究，科研基金的委托管理等</td></tr>
<tr><td>其他</td><td>关于本人的研究工作的附加说明（200 字）</td></tr>
<tr><td rowspan="7">社会贡献</td><td colspan="2">(1) 支持有关的社会活动，如终身学习</td></tr>
<tr><td colspan="2">(2) 校外审议会、委员会的工作负责情况</td></tr>
<tr><td colspan="2">(3) 在学校开展各种调查和社会活动中的工作负责情况</td></tr>
<tr><td colspan="2">(4) 在医院和其他单位进行临床指导，医学试验等工作</td></tr>
<tr><td colspan="2">(5) 学生辅导，国际互访，邀请国外学者，参加国际活动等</td></tr>
<tr><td colspan="2">(6) 工业支持活动，如为企业提供技术支持和新技术开发</td></tr>
<tr><td colspan="2">(7) 关于个人社会活动的其他描述（200 字）</td></tr>
<tr><td rowspan="4">学校管理</td><td colspan="2">(1) 研究部主任，学部主任，中心主任，图书馆长，评审委员，副校长等</td></tr>
<tr><td colspan="2">(2) 校委会，专委会，以及其他内部行政机构的贡献</td></tr>
<tr><td colspan="2">(3) 其他所属机构的经营活动</td></tr>
<tr><td colspan="2">(4) 附属研究机构的经营活动</td></tr>
</table>

3. 教学、科研、社会服务评价实施的现实情况

(1) 教学评价。

日本长期以来存在着重科研轻教学的情况。然而，随着日本人口的持续下降，为了争取更多的学生，各个高校又把重心转移到了教学上。为了达到这个目的，20 世纪 90 年代以来，逐步引进了一种由学生参加组成的教学评估体系。日本大

学评审委员会在2000年，向日本文部科学省递交了一份《21世纪的大学形象与今后的改革方向——在竞争环境中闪耀个性的大学》的建议报告，其中第二章“面向个性的大学教育改革计划”中有“以个性为导向的大学教育改革计划”，可见日本对这一领域的关注。

到目前为止，日本对于教育活动的评估，从其评估的基本原理和衡量标准来看，还是相当完备的，它提出了一个观点，那就是教育目的应该与某一领域的教育理念相一致，与学生和社会的需要相一致，此外，还将教学所用时间、教育内容、课程、本科生论文指导情况、研究工作研究指导和临床指导等作为对学生进行评估的指标。这些指数涵盖了质和量两个方面，从而使评估的运作更加具体。在方法上，在引入学生参与的教学评价系统的同时，指出要避免重科研轻教学的情况，可以通过制定教学大纲、组织教师观摩、组织研讨会等方式来进行。然而，到目前为止，在应用及反馈方面，所参考的文献中，并没有对特定的研究结果进行列举，这使得评估的效果由于没有得到及时的反馈，而无法达到预期的目的。

（2）科研评价。

日本的高校在评价和奖励教师时，最重视的是他们的研究成果，因此，他们是以研究为导向的。在其评价中，科学研究的比重为39%，教育的比重为19%，社会服务的比重为7%。

此外，基于大学自主理念，日本高等院校也不愿接受外界的评估；根据学术自由的基本原理，教师反对别人以评估的方式干预自己的学术活动。所以，从冈山大学这一事例中我们可以看到，日本大学的科研成果评估，仅仅是关于出版文献，口头发表，科研经费等方面的评估，而缺乏对其原则、程序、反馈等方面的探讨。

（3）社会服务评价。

在这个问题上还没有重要的进展。对于冈山大学的案例，也仅仅是做了一个简单的描述，对于评估的原则、指标、程序和反馈等都没有做过详尽的阐述。然而，正如以上所述，与教育和研究相比，日本高校对其教师的评价只有7%，可见日本高校教师的教育和研究工作在总体评价体系中没有受到足够重视。对此，尚未见有针对性的成果。冈山大学的个案也只是对其进行了详细的描述，并未对其评估的原则、指标、程序及反馈进行说明。

（4）其他方面评价。

一些大学把教师的管理作为一个重要的组成部分，评价教师在各岗位的工作质量及对教学的贡献。另外，以冈山大学为例，以学校管理为例，其评价内容也很独特，虽然没有对评价方法、评价结果等做过详尽的说明，但是这是一种崭新的评价方法，具有一定的借鉴意义。

日本大学对教师业绩的评估也体现在对教师的升职之前的评估，也就是根据教师在聘用以后的工作业绩来确定教师能否升职。日本的助理教师即使留下来，也有被解雇的风险，工作 3～4 年后，因为表现不好或者没有升职的可能，就得离开学校。日本大学中对教师提升的评价主要体现在：学历和学位条件，任职的最短年数，决定教学与研究层次。

（二）日本大学教师评价的特征

1. 对教师评估采取公开原则，注重多方面听取意见

日本在制定高校教师评价计划过程中，广泛收集了包括高校教师自己在内的多种观点。评价一直遵循开放的原则。在执行评价方案时，需要仔细进行充分的准备，对评价的标准有清楚的界定，对评估所牵涉的各个方面，需要评价者做出具体的描述。在日本，大学里教师的个人评价是通过一个有一定教师数量的个人评价委员会来完成，它遵循了评价的标准和结果的公开，参与式的相互评价，以及自己和身边的人的认同和满意这三个原则。公开公正的评价很重要，因为长期的大学教师公务员的传统，对于教师的任何评价都可能受到多方面的阻力，大学教师主张学术自由，对于评价的实施就提出了更高的要求，这使得评价不能脱离各自学校的实际，评价要有一定的可信性和公正性，而公开性是公正性的必要条件。

2. 对大学教师的评估尽量客观全面，尽可能多方面地评价教师的工作

为了推动每位员工的主体能力和业务得到最大的发展，最大程度地发挥人力资源的最大作用，大学组织的职能发挥出最大的作用，引进了两种新的评估方法：能力评估和绩效评估。能力评价指的是以岗位完成能力的发挥度作为参考标准，将职务工资与岗位能力工资分离开来，从而更好地推动教师的主体能力的发挥以及对其潜能的开发；绩效评价是用目标管理的方法来评价的，根据绝对评价、相对评价、目标评价和目标完成度等综合指标展开的。各个高校可以针对自身的具体情况，采用一种适合自己的方式，从社会服务、科研、教学、管理等方面，对

教师的工作展开全面的评价。运用各种手段、相互评价以及教师自己对评价结果给予认可，这些都是让评价结果客观、真实和有效的关键因素。

3. 在评估结果是否与教师聘任、待遇直接挂钩等问题上谨慎行事

在很长一段时间里，日本高校师资队伍的一个重要特点，就是实质上实行"终身制"，也就是说，在通过考试被高校聘用为正规教师（特别是副教授）以后，如果没有特别的情形，比如因为刑事罪行而被判刑，那么他们就可以继续工作直到退休。《教育公务员特例法》规定了公立大学和公立大学教师在职务、工作、进修和待遇等方面所享受的各项权利。尽管该体制解决了高校教师工作的问题，被日本学者视为"大学自治"和"学术自由"的根本保证，但是，由于其实行的时间较长，出现了一些问题，严重制约了高校教学和科研的发展。在这些现象中，最为显著的就是缺少生命力的"近亲繁衍"。日本政府在 1997 年 4 月制定了《关于大学教师等的任期制的法案》，并将其送交议会进行审议。同年 5 月 22 日，参众两院在 6 月 6 日都通过了该议案。6 月 13 日，官方颁布了《关于大学教师等的任期制的法案》。日本高校实行聘任制的实践还处于初始状态。实行聘用制的高校很少，只局限在少数几个专业中。日本大学术界之所以对教师任期制度的推行持谨慎的态度，一方面是因为谨慎的大学传统仍然在起着重要的影响作用，另一方面则是因为大学尤其是有很多的高校教师，都不赞成任期制度。

很多高校都已经引进了任期制度，但这并不是一种常见的情况。高校在对教师的评估与对教师的聘任之间的联系也比较松散。在确定是否再次聘请时，对教师的科研尤其是对其教学效果进行评估，这是一个尚未得到很好解决的问题。如果评估的标准是模糊的，那么就会夹杂着很多的主观性，从而造成"资深教授"一意孤行的情况。在教育待遇上，因为在人们的心中，已经有了一个固定的传统的工资体系，所以基本工资主要是按照资历来决定的，而提拔则是以年资和绩效为基础，但是在评估与工资相结合的问题上，采用了非常谨慎的方法。

五、韩国大学教师绩效评价制度

（一）韩国大学教师绩效评价制度的基本情况

韩国的大学师资体系实行的是教育公务人员的体制，即公立大学和公立大学

的教师必须具备教育公务人员的资质（满足高校教育法第二条的要求）。按照韩国教育法及相关法规，所有高校，不管是公共的还是私人的，都要受到韩国人事部的领导与监管。教育部要对高校中许多特定的事情进行干涉，政府对高校有着非常强大的控制力，例如，控制学生名额、审核师资、课程设置及批准学位授予条件，对教师资格进行审批，并规定统一课程等。从 20 世纪 60 年代至 20 世纪 90 年代，大学教育协商委员会帮助教育部统筹各大学的行政工作。如今，这种状况有了很大的改变，人们开始重视高校管理的独立性，也就是高校的自治。

韩国对大学中的教师进行了考核，对每一所大学都进行了相应的考核，并对学校中教师的晋升进行了相应的调整。一些大学为了提高竞争力或者建立世界一流的大学而进行综合的评价，这种评价涉及七大领域和 120 个项目。其领域包括教育领域、科学研究领域、社会服务领域等，这与教师的绩效评价方面是相同的。因为这些领域的具体内容均落实到了指标上，并且给出了各自的权重值，所以，虽然是对韩国大学提出的评价方法，但是在对韩国大学教师的评价研究上，也可以起到借鉴的意义。

1. 教学评价

韩国大学的教育评估，指出要营造一个良好的教育氛围，培养大学的责任感，独立性和协同性，从而提升教育效能；如果在教学质量上存在许多问题，便不能称为世界一流大学。这些评估方法只是在概念认知和研究层次上得到了承认，但是并没有进行实际的运作，对于执行过后的反馈也没有任何详细的描述。

2. 科学研究评价

对于教育评估，科学研究的成果也没有明确指明其实施的方法，而大部分都只是理念上的认可。在关于首尔大学怎样才能建成为一个世界级的高校所提出的评估意见中，该专家组表示，首尔的某些系所具有竞争力，但总体来说每位教师每年 SCI 论文数量比较少，教师用于科研的时间也比较少。韩国“BK21 工程”（Brain Korea 21 Project）的第二个目的就是要通过提高大学的科研能力，从而提高韩国大学的世界排名，而且韩国的聘任制改革也注重改善教师的工作环境，为教师多出成果创造条件。

3. 社会服务评价

相对于教育和科学而言，韩国高校在其社会服务领域的评估被低估。所以，在韩国大学的教学评估中，关于这一问题的结论就显得更为罕见了。

总的来说，就高校业绩评估而言，韩国对于高校的教学、科研与社会服务三个层面的评估需求与评估指标比较少见。唯一的进步是在对大学评价时作出了有关这三个领域的划分。而且对于教师的教学和科研方面存在的问题虽然都有所提及，但也只是停留在观念层面。这反映出韩国对于大学教师绩效评价开始关注，但仍缺乏具体可行的评价制度和实施方法。

（二）韩国大学教师绩效评价的特点

在韩国高校教师招聘评价方面，主要关注“聘任制”的提出过程以及对它的评价，而对聘期内的绩效考核评价则重视不够。由于韩国特殊的历史，其聘任制由“二战”结束后的终身雇佣，发展为1975年的限期聘用，再到1987年改革后形成的聘任制与终身雇佣制并行。经过不断发展，韩国对教师聘用制做过一些调整，但是韩国教师享有的社会威望和物质保障一直都是较高的。大学教师有稳定的学术环境，有助于提高其学术水平。但是这种聘任制的结果是，在终身聘用的条件下，高校教师一旦入职就具备了终身制的特征。“老资格”的教师权力很大，对年轻教师的等级划分也很严格，限制了他们在学科中的自主创造与发展；由于对教师的提拔采用了定编、定岗和“论资排辈”的方式，导致了韩国高校中存在着一种“坐以待毙”的情况，这不仅不能激发教师们的学习热情，而且对高校使用青年教师不利；大量的非全日制教师得到了录用，这固然可以解决一些课程的师资短缺问题，节约资金，但也无可避免地会对教育的品质产生一定的影响。在2000年，建议用聘用制取代终身制度，打破高校教师的“铁饭碗”；打破了“助教授—副教授—教授”这一晋升模式，这是在终身制制度上的一次重大突破。

另外，在高校教师业绩考核的内容上，也始终存在着教育与科研之间的冲突，虽然各个高校努力推动二者之间的均衡发展，但是并没有得到很好的解决。在评估社会服务这一方面，很多高校都参照了企业的评估体系，而且也变得更加注重将科研成果与实践应用联系起来，与此同时，对教师们也提出了更加全面的需求，但是从根本上改变轻视社会服务的趋势还没有看到切实的效果。

六、新加坡大学教师绩效评价制度

（一）新加坡大学教师绩效评价的内容

在新加坡的高校，对教师进行考核时，要特别注重对学生的教育质量进行评估。一些学者指出，对教师进行绩效评估，可以肯定成绩，发现不足之处，推动教师的整体发展，从而提升全体教师的教学科研和服务社会的质量和水平。本书以新加坡南洋理工大学为案例，探讨了在教学过程中，如何根据教学目的达到对教学过程进行评估。评估的内容包括三个层面：教学质量、科研质量和学校对社会贡献。评价方法有：学生评价，同行专家评价，评估委员会与晋升，以及任职委员会评估等。在教师的任职、晋升以及科研资金的分配等方面，校外的同人评价发挥着非常关键的作用，它能够减少被同行之间的利益冲突所干扰的可能性，使评估变得更有说服力。评估的成果与加薪、晋升和续聘有关。

此外，新加坡高校教师绩效评价中最突出的特点是非常注重学生对教师工作情况的反馈，并以反馈作为评价教师绩效的一项重要指标。新加坡南洋理工大学采用的学生评价反馈表对教师留用起到了关键的作用，每位教师每学期都要选一门要教授的课程，学生在反馈表上不需要写姓名，反馈表的发放、回收和统计都由管理人员统一执行。学校以此来考查教师是否适合担任教学工作，一般 3 年为 1 个周期，如果 1 个教师 3 年中的反馈表平均评价分不到 3 分，他将会被解聘。新加坡国立大学还实施了一项“学生反馈调查表”作为评估教师的一项补充手段，以帮助学校进行教育改革。

另外，有些学者认为对教师工作业绩的评价情况是其是否可以晋升的关键，同时校长是对教师评价起主要作用的角色。但是这种说法因为没有注明是对高校教师的晋升制度进行评价，所以在参考时应当有所取舍。

1. 教学评价

新加坡的大学十分注重评估与回馈，每个大学都有自己的评估标准，两年一次，都会邀请知名的外国学者来评估。教师在评估课堂教学质量时采取了两种方法，一是由学生对课堂教学行为进行判断；二是由外国督导教师对学员的测验与毕业报告进行评价。尽管没有明确的指标，但由此也可以看到新加坡在教育评价方面的重要性和方针。另外，在新加坡南洋科技学院，通过由学员自己完成的反馈性问卷（student feedback on teaching），来评估教师们的教学效果。该表格中共有7个评估栏目，除了整体评估，其他6个项目的评估标准分别是：组织（教师对教学的组织），知识（教师对所授课程的理解），讲解（教师的介绍/讲解是否能够引起学生的学习兴趣），清楚（教师能否清楚地将其思维/想法表述出来），切题（教师运用有关例子来说明课程内容），热情（自身对授课有没有热情）。该评价体系中所采用的指标体系和应用流程具有一定的参考价值。

2. 科研评价

新加坡大学以一位教师的著作和论文数量，尤其是由在世界范围内的期刊上的论文数量来评定其研究水平。论文数量较少的教师，不仅没有升职的机会，而且大部分教师，也很难继续留在学校里。

3. 社会服务评价

在录用过程中，对社会工作的贡献已经被确定为是录用的一项内容，但对其表现的评估还没有进行具体的说明。

（二）新加坡高校教师绩效评价的特点

新加坡由于国小人少，目前公立高校仅有两所大学和四所学院。新加坡的大学虽然建校时间都较短，但在教学条件、研究设施、师资力量及专业设置等方面，基本上与国际一流大学并驾齐驱，从总体看表现出国际化程度高、职业化程度高和现代化程度高的特征。新加坡大学用人制度的一大特点，就是实行合同管理。大学与教师按照“平等自愿”的原则，采用签署劳动合同的方式，在法律上对大学和个人之间的责权关系进行明确，明确双方的责任、义务和权利。在合同中，要将学校为教师提供的薪资、职位、福利待遇、聘用时长、工作的条件、生活的条件等内容都包含在内，还要将教师应该承担的任务、需要达到的工作目标等内容都包含进去。合同效力对双方是等同的，双方的权利、义务是相互的。从其教师人事管理的特点可以看出，新加坡对于教师评价的制度建设还是比较完善的，但主要还是在其聘任评价中花费了更多的精力，聘任的条件、过程、职位的划分、任期的类型是其主要的内容。在绩效评价方面，主要是针对教学、科研、社会服务三方面进行，但也存在不均衡问题。对教师教学水平评价的重视程度是相当高的。对于科研，主要是从著书立说角度强调。对教师社会服务的评价，仍没有一个完整的解决办法，只是有一些原则性的要求，在评价的实施中较少受到关注。

在评价方式上，主要运用了学生评价、同行专家评价、评价委员会和晋升及任期委员会的评价等方式，而在这些方式中，学校外部的同行评价起到了非常关键的作用。同时，绩效考核的应用，也与工资增长、晋升、续聘等紧密相关，尤其是年底奖金。

七、大学教师绩效评价政策的国际趋势与借鉴意义

（一）大学教师绩效评价政策的国际趋势

通过比较以上国家高校教师的管理与评估体系，我们可以发现，当前在高校教师的业绩评估体系中，有四个主要的特点与发展方向。

一是外国大学普遍认为，一个公平、公正、透明的教师考核制度，是大学管理制度的一个重要组成部分，并将其纳入教师的管理制度中。无论是在任命制度还是在绩效管理制度的设计中，都要充分考虑到它对教师的激励和制约效果，并引进竞争机制，增加教师的流动性，这不仅对学生的学术自由发展起到促进的效果，同时也保证吸引和保留教师队伍中的优秀人才。

二是国际大学的教师评估标准与大学的发展方向和发展策略相吻合，是大学发展目标在个体层面上的具体反映。评估指标体系既具有目标导向的功能，又具有促进教师自我发展的功能，可以保证学校的教育质量和科研、服务工作的顺利进行，促进了大学的发展。

三是各项评估指标之间互相支撑、互相促进，在强调科学研究的同时，又不能忽略了教育的重要性。除此之外，还要将教授治校的优点完全展现出来，用服务评价指数来引导教授们参加与他们的学术管理，对年轻教师进行指导以及为他们提供社会服务等。

四是国际大学的教师评估制度注重教师的参与程度和评估方法的科学性，在评估的全过程中，教师不仅可以进行自我评估，还可以进行与上级的直接沟通，还让教师对评估的程序和成果提出异议，提供申诉的途径。评估的效果不仅关乎教师的个体收入，也关乎着教师的职业发展，这也是发展性评估的重要内容。

在我国大学人事制度的进一步发展过程中，很多大学都在积极地向外国大学的教师管理体系学习，并在教师的聘任、晋升和评价等方面，对其进行了大量的

研究，并在实践中获得了很好的成效。例如，推行聘任制度，引进专家评议机制，教授会议等。然而，与西方先进国家比较，我国的师资队伍建设还处于起步阶段，很多借鉴的举措并没有落到实处。继续学习、消化、吸收外国大学教师评估体系的先进经验与管理思想，这对中国大学不断地改进、深化教师人事制度的发展，有着非常重大的参考价值。

（二）国外大学教师绩效评价政策的借鉴意义

1. 建立科学完善的高校教师评价指标体系

建立一套科学合理的教师考核指标，是对教师进行任用、晋升、考核的基础。只有建立起一套科学、健全的评估体系，才能建立起一支优秀的师资队伍。

在此基础上，一是以美国的教师评估为例，提出了一种基于教师个体、专业和院校发展的教师评估方法，并在此基础上，依据教师个体的专业发展需要、专业和院校的特点，以及院校的总体发展目标，来构建教师评估方法。对满足这三个条件的教师，可以直接聘用和提升。二是以一级评估指数为依据，全面评估教师的教学科研与社会服务水平。在对教学、科研和社会服务的评估指标体系中，应该能够体现出教师的实际水平和发展潜能，例如，在研究指标中，应该着重对他们的著作和论文的质量进行考察，并对他们的代表作进行评价。与此同时，由于各院系和学校的功能和发展需要存在差异，因此在对教师进行评价的指标重点上也存在差异。对于那些与社会发展密切相关的学院和专业，除了基本的教学、科研、社会服务等方面，还要着重对他们的研究和开发能力进行评价。

2. 完善同行评价制度，不断提高教师评价的专业化水平

在我国，很多大学都开始对同行评价有了更多的关注，开始采用了同行评价和教授会议评价两种方式，对行政评价的颜色进行了淡化，同时也对学术评价的权威给予了充分的尊重。在我国高校教师评估体系的构建与变革过程中，应积极吸收外国同行评估体系的成功之处，以促进我国高校教师评估体系的建设与完善。

采用“同行评价”与“教授评价”的核心是选择一位专业、公正、有效的评审人员。通常情况下，评审员应具备一定的专业知识，敏锐的观察力，敏锐的判断能力，了解所评估的对象；同时，具备较高的信誉、较高的科研水平，工作认真、严谨、工作态度端正、客观公平、勇于担当。评审员的选择要采取随机、回

避和任期制度。在具体的实施中，要注意对高校外部的评审员人数和人选进行控制，对教授会议的构成和主持人的确定等问题进行有效的控制。

3. 充分重视学生评价

外国大学十分注重对教师的评语，而在教师的评语系统中，学生评语占据着一个特殊的位置。目前，国内大多数大学都没有给予学生评估应有的关注，或者评估方式不够科学。一些教师对教育漠不关心，对待教育的态度马虎，上课只是一种形式，导致了学生对教育的极度不满，从而影响了教育的质量，也就达不到“育人”的目的。对学生评价采取充分的关注，并将学生评价意见作为评价结果的重要依据，这对促进教师对课堂教学方法和与学生的交流互动起到了积极的作用，进而对一些教师重科研轻教学的趋势产生了积极影响。在关注学生的评价观点时，要对学生的评价方式进行改革，使其更加符合各学科的具体情况，对于专业基础课、公选课、研究生指导课，评价要采用多样化的方法。

4. 将竞争机制适度引入教师评价体系

美国，加拿大的师资考核制度以引进竞争制度为主要特点。教师之间的竞争很大，要想得到一个好的工作，就得靠竞争。要想在激烈的市场竞争中取胜，就需要不断地获取新的知识和技巧，不断地进行知识的更新。

在教师的评估制度中引进竞争机制，这就意味着要在教师的聘用、晋升和绩效评估制度中充分地引进竞争，并对整个社会展开了招募和选拔，并在教学、科研及社会服务中，对其进行质与量的评估，结果不及格者，将无法聘用或提升。唯有将竞争的原理融入教师的考核制度中，才能够使考核的结果更加地公平、公正，才能够给每一位教师都安排一个可以充分利用自己能力的职位，只有这样，才能激发教师们不断进步，积极参与到新一轮的教学活动中来。因为教师职业具有一定特性，所以，这种竞争应该保持一定的节制，而不应该过于激烈，在竞争中发挥指导的功能也很关键，要防止出现偏激的趋势。

5. 通过考核评价建立真正“能上能下”“非升即走”的教师聘任制，促进教师队伍的合理流动

美国和加拿大大学对师资采取合同式的聘任方式，并设立了一套终身制与非终身制并重的师资队伍，达到一定年龄后，师资队伍实现了“非升即走”，在人才培养方面，已经建立起较为完备的人才培养制度，并建立起了一套较为完善的

人才培养制度。在我国，目前国内部分大学已对此进行了初步的探讨与尝试，但受制度、环境等诸多因素影响，大部分大学的教师职务仍为终身制。在这些因素当中，对教师的评价和考核在理念上没有足够的重视，在实际操作过程中，缺少一种行之有效的方式，忽略了对考试结果的运用等，导致在教学过程中，还没有一个具有科学性和规范性的标准来衡量教师工作的好坏。或者说，使得考核和评估走上了偏激的道路，没有对教师的职业发展起到引导的效果，造成了考核与任职相分离的情况，从表面上看，二者之间存在着一定的相关性，但是本质上的相关性不高，并没有真正地发挥出考试与评估对高校教师激励的杠杆效应。所以，在高校建设中，应学习外国的人才培养模式，实行“能上能下”“非升即走”的聘任机制，这也是高校建设的目的之一。

第二节　中国高校教师绩效评价制度分析

一、中国大学教师评价制度的历史沿革

从中华人民共和国成立至今，我国的高校教育事业已走过 60 年，尤其是近 30 多年来，我国高校不断向纵深发展，高校的经营与管理体系不断完善。其中，教师的评估评价制度是大学管理制度的一个重要组成部分，它与其他有关的教师人事制度相同，它也大体经过了四个阶段，分别是：初步形成，受挫瘫痪，恢复改善，发展提高，并表现出了各自阶段的特征。它的考核方式，指标体系，组织方式，管理实施，结果运用等，都要根据不同阶段高校发展的侧重点以及师资的特点，在发展中得到改进，在规范中得到提升，在创新中得到发展。特别是从 20 世纪 90 年代中晚期以来，伴随着我国社会主义市场经济体制的逐渐确立与健全，以用人和分配制度改革为主要内容的高校人事制度改革也在持续地进行。随着改革的不断深入和推进，迫切需要一个科学、公正、客观、准确的考核评估成果，这是进行各种人事制度改革的先决条件和依据。从此，教师评价考核工作被赋予了更为重要的历史使命。

（一）大学教师绩效考核评价工作的初步形成时期

1949—1965 年，是我国中小学教师评量工作最初成型的时期。当前，我国的高校教育正处于调整、形成和发展的初级阶段。近代以来，随着我国高等教育改革的深入，高校在职能定位、学科设置、组织结构和师资管理等多个层面上，大多借鉴了苏联的办学模式。由国家教育委员会于 1950 年发布的《高等学校暂行规程》规定："大学和专业学校的教师有四个级别，分别是教授，副教授，讲师，助教，这些教师都是校长任命的"；"教学科研指导组是教学的具体组织，作为教研组的负责人，对该组的教学和研究工作进行领导和检查"；系主任"对我科的工作进行了总结，并对我科人员的任命和解聘提出了一些意见"。在此期间，对于每个教师的责任，工作量都没有一个明确的规定。到了 1955 年，国家教育委员会依据《高等教校暂行规程》发表了《高等学校教学研究指导组各级教师职责暂行规定》与《高等学校教师教学工作量和工作的试行方法》，明确了高校教师的责任和任务量，明确"高校教师的根本任务是做好自己的教育工作、教法工作和科研工作，每一位教师都负有把自己的学生培养成一个拥有一定的马列主义，对自己的国家、对社会主义事业忠诚，拥有良好的身体素质并掌握了先进科技的人才的职责"。同时，按照职务的要求，对各个级别的教师进行了具体的分工，特别是确定了他们一年内应该承担的教育任务。自此，高校对教师的评价有了一个清晰的基础，也有了一个切实可行的办法。1961 年 9 月，中共中央第一次发布《中华人民共和国教育部直属高等学校暂行工作条例（草案）》（以下简称《条例》），在此基础上，明文规定："学校应当对教师进行经常性的评估。教员职务（副教授、教授、讲师、助教）的确定和提升，要看他们承担的任务，看他们的教学质量，看他们的学科层次，对于特别出色的，可以不受资历和学历的限制""高校教师的基本工作是以教为本""为便于教育，必须合理地分配生产、科研和社会实践的时间"。《条例》的颁布，为建立完善的评价体系奠定了坚实的理论依据，并在实践中率先提出了"实绩考核"这一理念。此阶段的教师评比具有以下特征：一是以任用、提拔、考核为重点，根据学生的思想政治素质、专业素质、工作能力，采取领导评议、群众评议等方法，对学生进行选拔、提拔；二是考试内容主要集中在教学工作上；三是绩效考核结果与岗位录用、升迁、超量薪酬相结合，起到了激励的效果。其任用与提拔重点是综合考查，考查教师的思想政治素质、学术水平和工作表现；在运用考试成绩时，既要强调精神上的激励，又要强调物质上的控制。在此期间，对大学的教师评价为大学的整合、形成与发展打下了坚实的基础，并发挥了积极的促进作用。但是，由于受到时代背景的制约，它还是具有一定的局限性。

（二）大学教师绩效考核评价工作的受挫瘫痪时期

1966—1976年，对教师的评价工作处于一种挫败的麻痹状态。在1966年，教育受到了严重的打击，我国各级各类高校都停止了办学，有一批高校被撤销，一批大学教师被撤职。在这段时间里，我国高等教育事业基本陷入了停滞和瘫痪的状态，对我国师资力量造成了很大的影响。学校的日常工作秩序被彻底打乱，教师的评价、考核和晋升工作也陷入了停滞。

（三）大学教师绩效考核评价工作的恢复改善时期

在1977—1998年，是我国中小学教师评估工作的一个恢复和改进期。为了纠正错误，贯彻执行党的知识分子方针，我国政府制定了一套强化师资力量的重要方针和举措。例如，在1978年出台的一系列举措，重新建立了职务评定体系；建议重新实行职级薪金制度；1984年，国家教育委员会发布了《关于高等学校贯彻执行高级专家离退休若干问题的暂行规定的实施意见》，确定了教师的退休制度；从1985年开始，国家教育委员会发布了《普通高等学校人员编制的试行办法》，开始对高校人员编制进行了初具规模的管理；1985年，发布《高等学校教职工工资制度改革实施方案》，实行了以工务工资为主要内容的结构工资，将工资分为基本工资、工务工资、工龄津贴、奖金四部分，同时，很多高校也根据自己的实际情况，对各种分配形式进行了探索。如采取岗位补贴、收入提成和奖金等多种分配方式，在学校内部探索灵活的人事分配机制；1986年，中央职改领导小组批准了《高等学校教师职务试行条例》，在全国范围内开始了教师职务聘任制的改革，并在全国范围内推行了教师职务聘任制，同时取消了职称评定；20世纪90年代以来，政府大力推动了对教师的依法行政，并于1993年出台并施行了《中华人民共和国教师法》，规范实施教师资格、职称、聘任等制度；到了20世纪90年代中期，在大力推动高等学校经营制度改革的同时，尤其是在“211工程”等国家重点工程的全面推进下，在全国教育系统中，国家教育委员会在《关于高校内部管理体制改革的意见》中出台了十六条规定，以人才分配为重点，积极推动高校内部管理的改革等。所以，这一阶段是弥补政策漏洞的重要阶段，在这一阶段中，国家持续推出了有关高校人事制度建设的各项政策，在这一时期，大学体系的建立达到了前所未有的高度，各个高校在保护和提升办学自主权、加强自身制度建设、规范内部规章制度等方面的热情也达到了前所未有的高度。上海交通大学等一批高校师资队伍在高校中不断发展壮大。在此过程中，因为高校的评估评价体系与各种人事制度之间的密切联系，高校的发展也逐渐步入了一个良性的、制度化的、规范化的轨道。

在 1978 年，重新启动职称评定工作，是中共中央、国务院在《关于高等学校恢复和提升教师职务问题的请示报告》中作出的一项重要决定。在这一文件中，还对教师的恢复和提升做出了一些明确的要求，指出“要对提升对象的政治状况、教学水平和科研成绩进行仔细的检查，并广泛地倾听他们的意见，将他们的工作做到最好。”“副教授的条件、提升教授，总体上还是按照原来的规则进行。对于一些确实有真才实学，在教学和科研上做出了突出的贡献，或者有过重要的发明创造的老师，可以越级晋升”。《关于一九七九年下半年高等学校教师提高和提升职称几个问题的通知》和《关于当前高等学校确定与提升教师职称工作中应注意的几个问题的补充通知》是目前高校评定和提升教师职称工作中，经过广泛征求意见后，国家教育委员会在 1979 年 12 月印发的两份文件，在此基础上，再一次强调了要“坚持标准，确保品质”“全面考核，择优晋升”“要将考试和从下往上进行逐级评估，做到“综合考虑，不能偏废”。从上述规定可以看出，虽然重新开始了教师岗位晋升考试，但考试的侧重点已经有所改变，从过去注重教学，到现在已经明确要求既要重视教学，又要重视科研；此前，在考察政治思想、业务水平的时候，提出要考虑资历和教龄，在此期间，对于教学科研有突出贡献的人，可以破格提拔，这说明在晋升考核中，重视实绩。国家教育委员会出台了《关于高等学校教师职责及考核的暂行规定》（以下简称《规定》），该《规定》明确提出：“学校应当对教师进行定期的考核，将教师的考核工作进行好，这样可以更好地激发教师的工作热情和创造性，将各个层次的教师的功能都发挥出来，努力完成教学、科学研究等各个方面的工作。此外，定期的考核还可以为教师的工作安排和教师的提职、培训、升级提供依据。”《规定》进一步明确了各级教师的职责，明确了考核依据，明确了考核的内容和方法，明确了考核的组织领导，明确了考核的内容和方法。该文件的发布，使高校对教师进行的评估工作逐步制度化、经常化、规范化。为此，国家教育委员会先后颁布了《关于实行高等学校教师工作量制度》和《高等学校教师教学工作量超额酬金暂行规定》，并提出了新时代高校教师评价工作的重大意义。其中规定："对教师进行经常性的评估，要根据教师的职责、任务和平时的工作表现，对教师进行评估。在《高等学校教师工作量等级表》中记录教师的工作任务，并将其记录在教师专业资料库中，以供教师安排工作、培训、晋升和升级。关于教师的工作量定额，超额奖励的执行方法，计算标准，也在文件中有了具体的规定。这说明，在对高校教师进行质量评估的过程中，既有对质量评估的规范化与改进，又有对质量评估的关注；对考评成绩的奖励和惩罚，已不再局限于精神层面，而是逐渐与之相适应。

在 1986 年 1 月，为了满足此时的经济体制改革和科技、教育体制改革的要求，为了解决职称制度自身存在的不足，中共中央、国务院转发《关于改革职称评定、实行专业技术职务聘任制度的报告》，此文认为，"以职称聘用制为核心，以职称薪酬为主的结构性薪酬体系，是我国职称评审工作的核心。"1986 年 2 月，在《关于实行专业技术职务聘任制的规定》中，又一次提出，要对新聘用的专业技术人才进行定期或不定期的考核，并将其纳入业绩记录，作为晋升、调薪、奖励以及是否继续聘用的基础。1986 年 3 月，国家教育行政管理委员会印发了《高等学校教师职务试行条例》，其中对教师的职责、任职条件、任职资格评审的组织与过程、教师的任用的原则与过程，以及教师的任职期限等问题进行了详细的阐述。这说明，在大学里，在对教师的任用与升迁过程中，对其进行的评估正变得越来越严格、越来越规范化。至 1991 年 4 月，国家教育委员会又发布了《关于高等学校继续做好教师职务评聘工作的意见》，其中第一次明确地指出："不同类型和层次的高校承担着不同的任务，它们有着不同的特征。因此，在实施《高等学校教师职务试行条例》（以下简称《条例》）的过程中，应当根据不同的类别、不同的级别，对不同级别的教师岗位提出不同的规定。"在职称评定中，应"结合专业特色，把握好教与学、学与用的关系""仍然采取了评审与考核两种方式，不仅要对教师的学术水平进行评估，还要对教师在担任现职期间，履行职务所取得的工作实绩进行考核"。《条例》的颁布，既是对新一届中小学教师任用考试的肯定，又是对新一届中小学教师任用考试的肯定，也是对新一届中小学教师任用考试开始走上制度化、规范化轨道的一个标志。在 1993 年 2 月，在《中国教育改革和发展纲要》中指出："要大力推动高校内部管理机制的改革，特别是人事和分配机制的改革。根据编制的合理性，对教师进行了岗位管理，并根据工作业绩进行了适当的划分。改革的关键是要采取适当的政策导向、思想教育和物质奖励等措施，来突破平均主义，充分发挥教师的工作热情，转变学校的内在运作方式，从而提升其办学质量和效益"。该文件的颁布，为我国大学制度的改革营造了有利的政治条件，也给我国考试工作带来了机遇，为我国考试工作指明了发展的道路。1993 年 10 月，《中华人民共和国教师法》开始施行，其中明确了"学校和其他教育机构应当对教师的政治思想、业务素质、工作态度、工作成绩进行考核"。《中华人民共和国教育法》于 1995 年 3 月通过，明确指出："实行教师资格和职务聘任制度，并通过考核、奖励和培训等方式，使教师的质量不断得到提升，使教师不断得到发展。"这两个法案的出台，在中国的教育历史上，都是具有重要意义的一件大事，它意味着我国的教学工作已经步入了法治的年代，从那时起，对教师的考核与评价就有了最基础的合法基础。

总而言之，这一阶段，在国家政策的指引下，我国的大学以学校本身的具体状况为依据，持续地对此展开了探索和尝试，并制订了相关的实施细则，对岗位任命和晋升考核采取了更多的改进，并构建了定期业绩考核制度。通常情况下，每一所大学都会由校内的相关职能部门，以自己的业务范围为依据，对教师进行直接的考核。比如，人事部门会对教师展开职务晋升和年度考核，而年度考核通常会参考国家机关雇员的考核方法，对教师进行勤、绩、德、能全方位的评估，与此相比，晋级考核更注重对教师工作实绩的评估；教务处负责对教师的教育质量和数量进行综合考核；研究部承担着对学校全体教师进行科学研究工作的考核工作。新时代的教师评价具有如下特征。

（1）主要的评估方法是以职位提升和每年的评估为主要内容，它既要保持综合评估，又要凸显出绩效评估的理念，它突破了过去只重视教学工龄和年资的传统，更加重视优胜劣汰。

（2）考试的内容也有了重大变化，向教学与科研并重的方向发展。在此过程中，高校的教师们的任务也发生了变化，从原来的纯粹的教书育人转变为既要承担科研工作又要承担社会服务的任务。主要评价指标有：教学成果评价、论文评价、科研项目评价、实验技能评价等。

（3）评价工作趋向于制度化、规范化和科学化。在此期间，除评优外，对各种专业工作也要进行经常性的评优，通常是一年一次或一学期一次；考试工作主要是在学校领导的指导下，由学校领导牵头，组织教务处，科研处，人事办公室等有关部门开展。同时，还指出应根据专业的特殊性，实行分类、分级的教学理念。

可以说，在此期间，教师考试工作在很大程度上促进了我国高校的师资力量的恢复和增强，但是，就目前我国的社会变革来说，高校制度变革的速度还很慢，教师评价工作中还存在着许多亟待解决的问题，其具体内容如下。

（1）考核方式不够系统和科学，考核结果的客观性和公平性还有待提高。在这个阶段，尽管已经对教学负担进行了一定程度的测量，但是对教学质量、学术水平高低仍然主要是以主观的、定性的评价为主，缺少了对其进行的科学的评估，因此，测试的结果缺少说服力，也没有很好的可比性。

（2）评价工作没有发挥好“指挥棒”的功能。尽管对实绩评估提出了严格的要求，但是因为相关的配套措施还不完善，执行力度不够，所以绩效评估经常是一种流于形式，没有起到杠杆调节的效果，还需要建立起一个良好的竞争激励机制。

（3）评估的工作比较主观。学校各个功能部门通常都是各自独立工作，对教师的教学、科研和社会服务工作的评价缺少整体的协调，所以很难对教师的工作绩效进行全方位的评价。也很难与其他的教师进行比较，各个大学所注重的还是岗位晋升和考核，高校的入职考核、续聘考核和绩效考核都没有得到应有的关注，也没有被提升到系统的层次。尽管一些高校已经制订了相关的制度，但是因为缺乏整体的社会支持体系，这种评价也常常难以落实。

（四）大学教师绩效考核评价工作的发展提高时期

从20世纪90年代末到现在，我国高校教师评价工作进入了一个变革和发展的时期。在此期间，我国高等院校的办学体制也逐渐走向深入化。在2000年，中共中央颁布了《深化干部人事制度改革纲要》后，根据中央的总体安排，颁布了《关于加快推进事业单位人事制度改革的意见》《关于在事业单位试行人员聘用制度的意见》《人事部教育部关于深化高等学校人事制度改革的实施意见》《教育部关于深化中小学人事制度改革的实施意见》《事业单位公开招聘人员暂行规定》等一批又一批的改革指南，各个地方、各个大学都将事业单位的人事制度改革放在了十分突出的位置上，做了许多富有成果的工作，并获得了很大的进步。人事制度改革对事业发展、队伍建设和调动各类人才的积极性和创造性等方面，起到了日益显著的引导与保障作用，高等学校、中小学人事制度改革在不断地、协调地、健康地进行着。从 1999 年开始，以北京大学、清华大学、浙江大学和中山大学为代表的一批知名高校开始了基于“内部津贴”的职务聘任工作，并在实践中收到了显著的效果。有些学校在岗位设置上进行了积极的尝试，将岗位设置与岗位等级相结合，岗位职责与薪酬相结合；一些大学进行了内部岗位津贴制度的变革，在岗位津贴的发放上，始终遵循着“向关键岗位、向优秀人才倾斜”的方针，采取了基本工资、岗位津贴和绩效奖金三合一的薪酬分配方式。这一时期的变革，被相关人士称为是高校人事体制的一次“无声的革命”，它使教师的工作热情与创造力得到了最大程度的发挥。

到了 2006 年，国家从总体上推动事业单位改革的速度逐渐加快，并在此基础上，对事业单位分类、财政投入、收入分配、用人、社会保障制度五项配套改革进行了全面的考量，在这些改革之中，一些单独的改革，比如，收入分配体制改革，事业单位分类改革，养老保险改革，都已经开始了试点。尤其是在 2006 年，国家展开了第四次工资制度改革，遵循“制度入轨、分别实施、整体考虑、逐步到位”的方针。实行了岗位业绩薪金制，在执行过程中，对工作人员的薪金级别进行了详细的划分，从而使工作人员的激励作用更加明显。人事部和教育部于 2007 年联合印发了《高等学校贯彻＜事业单位工作人员收入分配制度改革方案＞的实施意见》，并在此基础上，成功地进行了一系列的基础工作。随着此次薪酬体系的变革，首次在全国范围内开展了对事业单位进行岗位设置的试点工作，并于 2007 年由人事部和教育部联合印发了《关于高等学校岗位设置管理的指导意见》，确定了高等学校教师编制的基本原则、职称名称、职称级别和编制比例的基本依据。与此同时，《教育部直属高校岗位设置管理暂行办法》出台，并在全国范围内得到了贯彻执行，至 2008 年 12 月，学校的第一次职务调整和第一次任用工作已经圆满结束。

在此大环境下，我国高等院校在人才培养方面的研究和实践也在逐步深入。在这一时期，高校人事制度的变革主要集中在实行全员聘任制、进行收入分配制度的变革和对岗位管理制度的试点上，变革的基本原理是：平等竞争，按需设岗，合约管理，公开招聘，择优聘任，按劳取酬，优劳优酬，这些原理都是建立在公正、准确的考核结果之上的。所以，对教师的考试与评估都给予了前所未有的关注与重视，并引起了学术界和实务界的极大关注。在此期间，将某些数学方法应用到教师的考核评价工作中，使大学教师的考核评价工作进入了定量与定性的结合，教师的绩效考核与绩效评价也逐步变成了高校人事管理工作的一个重点，很多大学也开始将教师的绩效评价结果应用于教师职务晋升、薪酬分配等方面。

《关于深化高等学校人事制度改革的实施意见》在 2000 年 6 月 2 日发布，其中明确指出："进一步健全考核制度，加强聘后管理。结合年度考核工作，采取适当形式，对聘用（聘任）人员应履行的职责任务进行考核。经考核不能胜任本职工作的或聘方所提供的条件发生重大变化时，可以通过解聘、辞聘等形式解除聘用合同，终止聘关系。同时，被聘人员也有权要求学校按照聘用（聘任）合同的规定提供教学、科研等工作条件。"2002 年 7 月 6 日，《关于在事业单位试行人员聘用制度的意见》规定："健全评价体系。用人单位每年对其工作表现进行评估；在需要的情况下，可以进行任职期间的考察。考核要坚持客观公正的原则，采取领导考核和群众评议相结合，考核成绩和工作态度相结合的办法。考试内容要适合本单位的工作要求。考试成绩分为优秀，合格，基本合格，不合格四个等级。录用工作机构根据社会公众评价和被录用干部本人的评价，对录用干部进行评定，并由录用干部集体决策。""对其进行续聘、解聘和调任的，应当根据其成绩确定。经年度考核、合同期满未通过的，用人单位得对其进行调剂，或将其调离原工作岗位，经适当训练后再调剂。"

《中共中央，国务院关于进一步加强人才工作的决定》是在 2003 年 12 月发布的一份文件，其中包括："要形成一套科学的、以业绩为导向的、社会化的、以业绩为导向的、对员工进行考核的制度。""对人才的评价标准进行改进，防止在评价人员时，存在着重学历、资历而轻能力、业绩的倾向。按照"德才兼备"的原则，以对岗位分类与职业标准为出发点，构建以绩效为基础，由品德、知识和能力等因素组成的各种类型的人才评估指标体系。对各种类型的人才进行评估，并探索出一套各具特色、主体明确的评估办法。在对我国人才评估方法进行改进的同时，要充分利用和利用现代化的评估技术，使评估工作更加科学化。”2007年5月，《关于高等学校岗位设置管理的指导意见》规定：“在聘期结束之前，高校要按照国家的相关要求，对其工作表现进行严格的评估，并适时作出续聘、调任或解除职务的决策。”《教育部直属高校岗位设置管理暂行办法》也在同一时间发布，其中明确了：“要以学科的不同特点、岗位职责的不同需求为依据，构建与高校工作规律相适应的体系。一套由知识、品德、能力、业绩等因素组成的评估体系，旨在推动业绩改善与人才开发。在聘期结束之前，校方将对其工作表现进行严格的评估，并根据相关法律法规对其进行续聘、调任或解除职务。对长期、中期劳动合同的职工，要以聘期为主要内容，注重职工在工作中的责任和劳动合同的履行。对于有长期合约的雇员，应当以合适的方法考察他们的工作进度。”

2010年5月，由中国共产党和国家委员会发布的《国家中长期人才发展规划纲要（2010—2020年）》内容如下：构建“人才评估与发掘机制”，其目的和条件如下：“构建以工作岗位的工作职责为依据，以品德、能力、业绩为主要标准，科学化、社会化的人才考核体系。要健全人才的评估体系，克服‘唯学历’‘唯论文’的倾向，更多地强调‘以实际为本’‘以功绩为导向’。改革评估方法，拓展评估人员的途径。将评价人才与发现人才相统一，始终坚持从实践中和从群众中发现人才。”在同一时间内被提到的重点工作是：“要完善和完善我国的专业分级制度，确立各种类型的专业技术人员的技能和质量标准。构建基于工作业绩评估的机构人才考评体系。按产业分类，研究制订机关领导干部考评制度。健全以行业为导向，以行业为导向的评估体系。要进一步完善科技人员的职称体系，进一步完善科技人员的职业资格标准，加强科技人员的法律管理；健全专业技术人员职称评定制度，促进其社会化；健全职称评定制度，赋予职称（岗位）由用人单位自主选择的权利。”此外，还指出：“要对技能人才进行多元化的评价，要不断地对社会企业技能人才评价、职业技能鉴定、院校职业资格认证和特殊职业能力考试进行不断地改进。”

中共中央、国务院于2010年7月发布的《国家中长期教育改革和发展规划纲要（2010—2020年）》条例：建立“改革教育质量评价和人才评价制度”，并建议“完善人才评价及选取体系，为人才的培养营造一个良好的环境。要确立科学的人才观，构建以工作为本，以德才兼备的社会化人才评价体系。在人才的选择和利用上，应加强对实际工作能力的考察，以改变目前社会上只重文凭的现象”。

在此时期，教师考核评价具有一个明显的特点，就是考核指标已经开始对教师工作的内容与成果进行重视，并利用数学的方法来对其进行相关的权重计算，从而让考核的标准和考核的结果能够以数量化的方式得到反映。

根据以上论述，我们可以发现，在这四个阶段中，我国高校教师评估大体经历了：恢复改善、初步形成、受挫瘫痪、发展提高。它的考核方式、组织形式、指标内容、实施程度、结果运用等都在持续地发展和改进，并逐渐朝着科学化、规范化、制度化的方向发展。

（五）现行的大学教师绩效评价制度

评价制度的设计理念、方向以及相应的评价原则、方法和模式都取决于评价主体之间的关系与各自的角色。一般来说，评价的主体可以从教师本人、系主任、资深教师、学院领导、学院学术或教学委员会、人事处、科技处、教务处、研究生院、学生和校外专家等多个方面进行选择，以确保评价的公正性和客观性。中国大学的性质和公有制属性决定了它们在制度设计和政策制定方面受到国家立法机关、相关部门和院系的支持，教师只是其中的一个重要参与者。为了更好地评估教师的表现，国家立法机构通常会颁布相应的法律法规，并在宏观上对教师进行评估。在高校，这些法规通常包括对教师的考核标准的明确规定，并由相应的行政部门与院校共同执行。在中国，大学是教师评价的核心，教师则是受政府指导的重要参与者。因此，当前的大学教师评价制度，其中的原则、指标、方法、模式以及最终的应用，均以实现组织的目标以及加强组织的管理为准则，以“考核”的概念为主，“评价”的概念则较少。

1. 现行考核评价的基本原则

德才兼备，以德为先的原则是大学办学的核心，教师的主要职责是为了实现教育目标和管理目标，并且要树立正确的教育质量观和人才观，因此，对教师绩效的评价必须符合这一原则。大学教师的思想政治素质是衡量教师绩效的重要标准，它不仅关系到教师的服务方向和性质，也关系到学校的发展和事业的整体进步，更是学生的基本权利和利益。《中华人民共和国教师法》第三条规定：“教师是履行教育教学职责的专业人员，承担教书育人，培养社会主义事业建设者和接班人、提高民族素质的使命。教师应当忠诚于人民的教育事业。”为了更好地衡量教师的表现，学校将重点放在对他们的道德修养、工作态度、教学技巧、科研能力、专业知识等方面的考核上，从而更好地引领教师的行为。

在长期的计划体制下，大学是国家的事业单位，具有公有制性质和公益属性，因此，我们应该采取综合的方式来进行指导，既包括统一的指导，也包括分类的指导。这样，我们才能够更好地反映出国家对于宏观管理的统一规范的重要性。《中华人民共和国高等教育法》第十三条规定：“国务院统一领导和管理全国高等教育事业。省、自治区、直辖市人民政府统筹协调本行政区域内的高等教育事业，管理主要为地方培养人才和国务院授权管理的高等学校。”同时，第三十七条规定：高等学校根据实际需要和精简、效能的原则，自主确定教学、科学研究、行政职能部门等内部组织机构的设置和人员配备；按照国家有关规定，评聘教师和其他专业技术人员的职务，调整津贴及工资分配。”该规定既体现出高校的自治权，又为分类指导提供了法律支持，从而更好地满足社会经济的发展需求，并且有助于推动大学按照其内部发展规律，根据不同的类别，采取有效的自我改善和自我成长的方式。

定性与定量相结合的原则是一种可行的方法，因为中国大学的管理特点、文化历史传统以及考核工作实践都表明了这一点。在评估教师工作绩效时，将定性与定量相结合是非常重要的。在教师评价中，定量分析可以帮助我们更准确地反映客观实际，避免主观性。然而，由于教师职业具有思想性、实践性和长期性，在评估教育活动的质量和效益时，采用定量方法就会变得困难，尤其是在考虑到教师的思想、情感和意志等方面。使用精确的数据来衡量一个人的能力，既不具有客观性，又缺乏科学依据。因此，在对教师的绩效进行评估时，应该同时考虑定量和定性，否则，将无法达到理想的结果，也无法有效地推动教育改革。

自大学实施考核评价制度以来，公开、平等、竞争、择优的原则已经成为其最基本的准则。在教师评估的过程中，评审环节尤其重要，但也必须确保其具有完全的透明性、公正性和可靠性，以确保最终的结果。为了实现组织的目标，我们需要对当前的教师评估机制进行改进。这些改进包括：一是我们将更加注重公平性，所有参与者都将享受同样的待遇。二是我们将更加注重规范和秩序，尤其是在选择评估委员会时，我们将更加注重各方利益的代表，并且更加注重竞争性。

在制定评审办法时，由于大学专业的特殊性，必须强调业内认可，并由同行专家组成评审委员会，以体现“说了算”的专业性。此外，强化监督机制也是必不可少的，纪检监察部门应对评审工作进行监督，并建立评审结果公示制度，接受教师和社会的监督，以保证评审的公正性和公平性。

“奖勤罚懒”提出了一种将激励与约束有机结合的管理文化，这一理念为现行教师绩效评价制度提供了一种政策导向，它强调了激励机制的重要性，以及如何有效地激发员工的积极性、主动性和创造性，从而达到组织激励的最佳效果。教师绩效评价旨在促进教师的发展和成熟，这一目标的实现需要持续的激励机制，因此许多大学将奖励性的教师绩效评价作为实现教育和管理目标的重要手段，以提升教师的专业水平和教学质量。随着传统管理理念的普及，现行的大学教师绩效评价更加强调其管理性，以此来提升评价制度的效力。一般的管理经验表明，绩效评价的结果比奖励更有影响力，因此，许多大学的管理者们都会把更多的精力投入对教师的约束措施上，以提高教师的教学质量。随着大学民主化的不断深入，大学教师自主发展的理念也受到越来越多的重视，因此，强化约束的做法和观念必须得到及时地调整和更新，以满足当今社会的需求。

2．基于法律规定、国家政策、大学要求的教师绩效评价指标体系

（1）国家法律、政策对于考核指标的基本要求和依据。

在依法治国的大背景下，法律法规是确定大学教师评价指标的基础，因此，在大学教师管理的法治化环境下，必须严格遵守法律法规，以确保教师任职资格和岗位聘用规定的任职基本条件得到充分认可，并且不得违反相关法律法规。确定教师的绩效评价标准需要对其任职资格和职责进行全面评估。

在大学教师职业中，拥有良好的教师资质是必不可少的。这些职位通常由政府授予。《中华人民共和国教师法》第十条规定：“国家实行教师资格制度。中国公民凡遵守宪法和法律，热爱教育事业，具有良好的思想品德，具备本法规定的学历或者经国家教师资格考试合格，有教育教学能力，经认定合格的，可以取得教师资格。”《中华人民共和国高等教育法》第四十六条进一步明确规定：“高校实行教师资格制度。中国公民凡遵守宪法和法律，热爱教育事业，具有良好的思想品德，具备研究生或者大学本科毕业学历，有相应的教育教学能力，经认定合格，可以取得高校教师资格。不具备研究生或者大学本科毕业学历的公民，学有所长，

通过国家教师资格考试，经认定合格，也可以取得高校教师资格。”高校教师取得前款规定的职务应当具备下列基本条件。

①获得高校教师资格。

②熟练掌握本学科的基本理论。

③拥有良好的教学技能和科学研究能力。

④承担相应职务的课程和规定课时的教学任务。

教授、副教授除应当具备以上基本任职条件外，还应当对本学科具有系统且坚实的基础理论和比较丰富的教学、科学研究经验，教学成绩显著的教学任务，并且发表的论文或著作质量较高，在教学和科学研究方面都有显著的成果。

在中国，《高等学校教师职务试行条例》教师职务设助教、讲师、副教授、教授为指导，为教师提供了一套完善的工作流程，以便他们能够更好地履行自己的职责，包括但不限于教学、科研以及社会服务。这些规定为教师提供了一套完整的工作流程，使他们能够更好地完成自己的工作任务。自 1986 年以来，中国高等教育发展迅速，教师队伍结构发生了巨大变化，教师的地位和义务也发生了深刻的变化，这使得原有的规定无法满足当下对教师工作职责的要求，因此，迫切需要对其进行修订，以适应时代的发展。尽管新的教师职务条例尚未出台，但它仍然为教师绩效评价提供了强有力的指导，成为当前教师绩效评价指标体系制定的基础法律依据。《高校教师职务试行条例》提出的明确的岗位职责，已经成为当前大学评估和考核教师的重要参照。虽然该条例已经多次修订，并且提出了许多实用的措施，但它仍然是衡量教师工作表现的重要指标，因此许多高等院校都在不断改进和完善自己的绩效评估体系。

（2）数量指标和质量指标两个维度。

根据“考核”的规定，学校人事部门应当建立一套完善的绩效评价指标体系，以便更好地评价教师的工作表现。为此，院系应当制定具体的指标和实施细则，并以“德、能、勤、绩”四个方面为基础，对教师的工作表现进行综合评价。尽管这四个方面的考核评价仍然属于定性评价的范畴，但是，对于一所大学的管理者而言，要准确地评估一名教师的表现，仍然存在着一定的困难，无法达到预期的效果。因此，许多高等院校开始将“考核”的重心转移到“评价”上，以便让个人的管理行为得到充分的关注和重视。虽然这种转变的界限难以把握，但它的意义却是非凡的。在这种情况下，考核的内容和指标变得更加具体，并且赋予了个性化的色彩。这样，教师绩效评价就可以实现量化，并且基于组织目的的大学教师绩效评价指标体系也变得更加明确。

根据大致的分类，表 4–2–1 列出了用于衡量大学教师绩效的各项指标。根据“评价”的视角，教师绩效评价指标既包括数量指标，也包括质量指标。此外，教学指标、科研指标、社会服务指标也都涵盖了具体的指标内容，以更好地反映教师的工作表现。根据“有意义”的要求，量化分析的过程可以让不同的教师表现出各自的特色，从而使评价更加多元化和个性化，组织也可以更好地了解每一位教师的真实情况，并且可以通过评价过程发现他们的优势和不足。

表 4–2–1　大学教师绩效评价指标类型

<table>
<tr><th>指标类型</th><th>师德指标</th><th>教学指标</th><th>科研指标</th><th>社会服务指标</th></tr>
<tr><td>数量指标</td><td rowspan="2">职业道德、
学术道德、
学术规范</td><td>本科生授课
研究生授课
指导实验
指导课程设计
指导毕业实习
指导毕业设计
出版教材</td><td>科研项目经费
发表论文
申请、获得专利
科研专著
参加会议
举办讲座</td><td>学校或学院的公益工作
为同行企业服务
作为本学科相关杂志编委兼任本专业委员会相关职务</td></tr>
<tr><td>质量指标</td><td>由学生的感觉决定
由同行的感觉决定
教学获奖
本科教学评估中的指标</td><td>发表论文的等级
科研项目的等级
科研成果获奖等级
学术地位</td><td>为学院作出的贡献大小
得到社会或企业的认可
由同事决定指标做出评价</td></tr>
</table>

3. 绩效制度的流程、方法、技术和结果的运用

（1）流程和主要绩效评价方法。

在绩效评估的流程方面，国内的大学差异明显，但基本程序都大致相似。通常包括个人提交年度工作报告（填表），再提交给职能机构和上级领导进行考核，最终由学院的考核团队审查和公布，并将结果反馈给个人。

通过对绩效进行评估，我们可以使用多种不同的方法。例如，定量方法可

以作为第一选择，而定性评议、目标管理、评分表、关键事件法和排序方法则可以作为第二选择。这些方法都可以帮助我们更好地了解自己的工作情况，并为我们的工作提供有针对性的建议。然而，也有一些学校将定量、定性和排序三者结合在一起，以达到更好的教育效果。大多数学校都采用了这一策略，以提高教育质量。

（2）绩效评价主要技术。

随着科技的发展，越来越多的高校开始采用更先进的绩效评价技术，如建立专门的绩效评价信息管理系统，以及采用计算机网络实现的绩效评价方式，以提高评价效率和准确性。打分表是一种被广泛使用的评价方法，尤其是在清华大学。它不仅可以对教师进行全面的评估，而且可以用于具体的业务评估，从而更好地反映出教师的工作效率。因此，清华大学采用打分表作为一种有效的教师评价技术，可以更好地发挥其作用。

绩效评价的技术挑战重重，第一个挑战在于量化指标的差异，以及量与质的平衡；第二个挑战在于如何在定量评价与学术发展规律之间取得平衡，以及如何在教师类型的划分上，更好地量化脑力劳动，以避免短期行为和浮躁现象；第三个挑战则在于如何更加准确地识别出各种不同的教师类型，以便更好地评估他们的工作表现；第四个挑战在于由于教学科研工作具有周期性和长期性，使得其质量标准无法得到确定，而且其学术价值也无法进行量化计算，这就使得如何将这两种评估方式融入一个整体变得极其困难。第五个挑战在于由于某些专业具有特殊性，比如生产周期较长，许多指标无法在一个聘期内进行定量考核，而且教学与科研之间的折算也非常困难。这些挑战既包括技术上的问题，也包括体制上的问题。

（3）考核评价结果的运用。

通常来说，将当前的大学教师年终考核评估体系分为四个等级：优秀、良好、基本良好和不良。由于每个学校的聘期都有所差异，通常只有三年。作为人力资源体系的重要组成部分，评估体系是岗位、聘任、薪资、福利和奖惩体系的一环，它的应用可以促进各项体系的协调，从而有助于更好地管理教师。当前，大学教师的绩效评估已经不仅仅局限于职位晋升、薪资分配和奖励与处罚，它更多地考虑了教师的个人福祉以及他们的工作表现。因此，衡量一名教师的工作表现以及他的工作成就，可以更好地反映出其工作的积极性和创新性。通过对教师的绩效考核，不仅可以提升教师的工资福利水平，还能够健全学校的教育管理体系，从而为学校的发展带来积极的影响。

在当今的大学里，教师的绩效评估已经成为聘用、续聘和解雇的重要因素。在这一过程中，考核和评估已经成为不可或缺的一部分。现在，大多数大学的人事管理都采用了以考核结果为依据的方式进行招聘。一名优秀的教师需要有一个持久的绩效评估体系，以确保他们的表现与他们的职责、专长、技能等方面都达到最佳状态。因此，进行全面的考核评估是至关重要的。在教师招聘过程中，合同管理的重要性不容忽视，因此，必须对其进行有效的考核和评估，以确保其有效运作。

经过多年的改革，教师的绩效评价结果已经成为高校薪酬分配的重要组成部分，它与岗位津贴、补贴和年终奖金等收入形成了紧密的联系，从而为教师的考核评价制度的普及提供了有力的支撑。根据“合格和基本合格者按完成工作量情况发岗位津贴”的政策，学校的收入分配体系得到了有效的实施，使得所有的参与者都可以从中获得相应的报酬，尤其是教师，他们更加乐意接受这种新的管理模式。尽管教师们渴望获得更多的成就感，但绩效付薪制度仍然是他们实现自身价值的重要推动力。高额的奖金不仅能够激励他们更加勤奋地投入科研和教学中，还能够为他们提供稳定的收入，让他们拥有一个更加积极的心态。根据考核评价的结果，一些学校的院系会给予教师更高的薪酬，以表彰他们在教学、研究、服务等方面的贡献。此外，年终奖金也会按照教师的实际工作量来计算，以此来激励他们继续努力，为社会作出更多的贡献。在目前的情况下，要求高校将绩效评价结果与教师的薪酬分配完全脱离，这是一个极具挑战的任务，甚至可能无法实现。

将考核和奖励有机地结合起来，可以有效地提升教师的工作积极性和创新能力。这种方式不仅可以更好地激发员工的积极性，而且还可以更有效地控制和调整教师的工作量，从而更好地实现人事管理的目标。近年来，学术奖励和学术休假已成为许多高校激励教师的有力手段，以满足他们的需求。特别是近些年，学术休假的吸引力日益增强，它不仅能够提供丰富的经济收入，还能够让教师们在绩效考核中获得更多的认可，从而提升他们的工作热情。学校为了更好地衡量学生的学习成绩，已经制定了一系列措施，开始将学习成绩的评估与学习休息结合起来。例如，武汉大学的政策是，对于拥有 5 年或更长教学时间的教师，经考核合格的将提供 6 个月的学习假，在此期间，他们将继续进行学术研究。通过对评估结果的综合分析，以及对相关管理措施的有力执行，可以有效提升管理的权威性，特别是对于长期未能达到规定标准的学校，可以实行解聘的处罚，这种做法已被许多学校所采纳，并且效果显著。

通过对教师绩效的全面评估，可以有效地提升教师的工作表现，从而更好地实施有效的人力资源管理。绩效考核不仅是高等学校的重要组成部分，而且还包括招聘、调配、晋升、培训、薪酬福利、绩效管理、劳动纠纷处理、合同管理等，它们共同构成了大学教师完善的人事管理系统。在教育管理中，对教师的工作表现的客观评估是至关重要的，它既可以帮助我们做出正确的决定，又可以为我们的管理水平和制度建设提供可靠的参考。通过对教师绩效评价的全面分析和实施，可以为教师的薪资、福利、职级晋升、岗位招聘、培训等制度提供重要的参考依据，从而发挥出最佳的作用。因此，高校的领导层应当深刻领会这一重要观念。

通过对教师绩效进行全面评估，我们可以更好地指导和激励他们，促进他们在教学科研方面取得更大进步。因此，我们应该建立一个有效的、能够反映教师绩效的评估体系，并将其与学校的教学科研活动紧密相连，以期达到持续提升教学质量和效率的目标。通过对教师的评估，我们不仅能够清楚地了解他们的工作表现，发现他们在教学科研方面的不足和薄弱环节，还能够了解他们完成这些任务所需的教学科研机制。评估结果能够充分反映出机制中存在的问题，并且有助于进一步改进，帮助教师明确改进教学科研的目标，实现绩效任务，为学校提高教学科研质量提供坚实的保障。

4. 现行大学教师绩效评价的主要特征

经过深入分析和研究，发现目前我国大学教师的评价具有一些共同的特征，主要表现在以下五个方面。

一是组织计划性。由于公办大学具有明显的公共利益特征，因此，它们的管理体系和运行机制必须符合计划经济的要求，这一点在教师评价制度中得到了充分的反映。在绩效评估过程中，一个显著的特征就是组织的规划。根据管理学的原则，规划具有四个主要作用：有效抑制不确定因素的影响，让所有成员清楚地了解应该采取什么样的措施；指导组织朝着预期的方向发展；提升组织的经济效益；方便管理者对其实施监督。当前大学教师绩效评价制度的管理方式与四项计划的要求相符，但它仍然以组织目标为中心，而非以教师发展为出发点。虽然许多大学在设计绩效评价指标和模式时，都将促进教师专业发展作为一项重要原则，但从整体上看，这一制度仍然是以组织目标为导向，而非以教师发展为目标。

二是绩效导向性。绩效导向性是一种重要的考核评价方式，它旨在通过对员工的绩效进行客观、公正、科学的评估，来确定员工的职责范围和能力，从而激励员工积极参与组织活动，提升员工的工作积极性，实现企业的可持续发展。因此，建立一个完善的绩效目标模型，是企业实施绩效管理的关键。在这一指引下，教师和大学组织都将实现组织目标、提升运营效率作为首要任务。在这种背景下，一方面，组织目标实现被保证了，达到预期效果，教师们也通过评价结果的运用，在职务晋升、津贴分配中满足了属于自己的物质需求。但在另一方面，也使得教师和组织都会不可避免地产生功利化思想，在形成一切绩效优先的组织文化氛围中，指标成为指挥棒，定量评价也成为教师绩效评价的主要方式，教师也会产生追求指标、数量的动机和倾向，这也给大学管理、对教师发展、对评价制度的科学完善带来了许多意想不到的深层次问题。

三是程序单向性。大学组织是教师评价的主体、教师是评价客体，评价程序呈现出自上而下的特点，并且这种自上而下是单向的、不可逆的。除了从许多大学的评价流程所具有的共性上可以清楚地看到这一点，在绩效评价活动最初动因、指导思想、方法模式、指标制订、结果运用等各个环节上，都无时无刻不打上组织决定的烙印。这当中，教师的作用也能有限地得到发挥，诸如在指标制订过程中征求相关专业教师的意见，评价结果运用时还要向教师反馈协商等，但在关键步骤和核心环节，特别是在评价最基本的理念上，组织所发挥的作用始终是自上而下的。当然，一所大学的管理的确有其复杂性，不按照自上而下的程序也是不行的，没有组织统一整体的推进，学校教师评价是无法开展的。但至少有一点，就是这种单向性是可以改进的，如坚持自上而下和自下而上相结合就是一种制度良性的反映。目前，也有不少大学正在进行这些方面的探索和改革，诚如此，必将促进现行大学教师绩效评价制度的日趋完善。

四是内容复杂性。这是教师评价制度所具有的共性特征，在中国现行大学教师绩效评价制度上也体现得十分明显。这种复杂性主要体现在指标确定的复杂程度上。一方面，在当今社会，大学教师的工作具有独特的思想、学术和实践性，因此，他们的工作表现应该被综合考虑。此外，由于大学的学科繁多，因此，他们的工作表现也应该被综合考虑，并以多种不同的方式进行评估。在评估教师的表现时，不仅要考虑课堂上的授课数量，还应该关注课堂的进度和质量。此外，除了对教师的科研水平和社会服务进行综合评价，还应该考虑到各个维度的权重，以及评价的重点，以便更好地反映教师的绩效。因此，教师绩效不能仅通过单一维度来衡量，而是需要设计多个评价指标，从不同角度、不同侧面进行全面评估，以达到科学的评价结果。

五是形式多样性。中国的高等教育发展历史和国情决定了大学的多样性。尽管目前尚未有一个明确的界定，但分类分层的思想已经在高等教育领域广泛流行。因此，各大学应该根据本地本校的实际情况，采取与其他大学不同的方式来进行教师绩效评估。

这有两点重要原因，一是国家至今尚没有一部系统完整的、专门针对大学教师绩效评价的法律、专项法规，即便是作为国务院教育主管部门的教育部，也没有一个关于大学教师绩效评价的专门文件，各校只能在最基本的法律规定和部门政策要求下，自主确定评价形式。二是作为在高校产生绩效评价管理的最初原因之一的大学岗位绩效津贴的标准，在中国没有一所大学与其他学校是相同的。这就决定了每所大学所采取的评价形式是不同的，是呈现多样性的特征。这种多样性是值得提倡的，这对大学保持特色、增强自主办学权利，进而对促进大学教师的自主发展也是非常有利的。

近年来，随着企业人力资源管理实践的不断发展，许多公共机构，如大学，也开始采用这一方法来衡量员工的工作表现。一些专家甚至提出，大学的教学评估应该与企业的培训评估相结合，从而更好地反映出员工的工作表现。通过对比市场化的培训评估模式与传统的高校教师教学评价模式，我们不仅能够更好地识别出哪种模式更加科学合理，从而更好地衡量二者的优劣势，而且还能够更清楚地了解它们的特点。

（1）市场化培训评估与高校教师教学绩效评价的相似性。

第一，市场化培训旨在提升学员或学生的实际能力，因此它们强调学习、更新和转化知识，以达到最佳效果。这与高校教学有着相似之处，都是以学习为主要目标，但是它们也有所不同。

第二，市场上的培训模式千变万化，从传统的课堂教学到现代的师徒制、工作轮换、案例分析、管理游戏、教练技术，都可以满足不同的需求。此外，高校的教育模式也更加灵活，可以采用多种形式，比如实践性的课程、导师指导、企业考察等。

（2）市场化培训评估与高校教师教学绩效评价的差异。

第一，市场化培训和高校教学在价值观上存在显著差异。自负盈亏将企业视为可获取收益的机构，而高校则将自身定位于一个非营利性机构，其资金来源完全由政府提供，因此，它们在经济发展上并无明显差异。

企业的培训旨在提升其经营业绩，但更多的是为了满足其财务需求。相比之下，大学的教育更加重视学生的全面成长，旨在培养未来社会所需的高素质人才，而非仅仅追求短期的经济回报。因此，企业的培训成果可以从长远的经济效益出发，而对于大学教师的教学表现，却不能仅依靠短期的经济回报率来衡量。

通过市场化的培训，企业可以有效地提升员工的专项素质和能力，从而提高个体绩效，最终实现组织整体效能的提升。因此，在进行培训之前，企业应该对员工的绩效考核情况进行全面分析，以便发现其能力和岗位胜任力之间的差距，并根据这一差距量身定制培训方案，以达到最佳的培训效果。

高校教师的教学活动旨在培养学生的综合能力，包括专业技能、职业技能及个人品德，以便他们能够获得全面的成长，并且能够为他们的未来职业道路打下坚实的基础。在当今的教育环境中，高校教师的职责不仅是传授知识，还必须致力于培养学生的素质，使他们能够成长为符合社会发展需求、具备良好道德品质的公民。因此，市场化培训与高校教师教学活动应该保持一致。

第二，市场化培训和传统的大学教育有着本质的区别。前者的目标是让学员更好地应对日常生活中的挑战，并通过有效的方法和技巧来改善他们的绩效。相比之下，后者的目标则更多地关注如何让学员更好地应对日常生活中的挑战，并通过有效的方法和技巧来提升他们的能力。

高校教师的教学方式以培养学生的全面性、创新性、实践性及实用性，以期让他们掌握知识，培养出更好的思维能力、分析能力、解决问题的技巧，从而为他们未来的职业发展奠定坚实的基础。同时，学生们也期待着获得更多的学历认证，以此来提升自身的素养，增强人才储备。因此，大学教师的工作重心应该放在系统性的知识传播上，而不仅局限于提供技能的培训。

因此，在评估高校教师的教学质量时，应该摒弃仅以解决问题为导向的模式，而是采用多种多样的方法，从受训者的满意度出发，结合实际情况，综合考量，全面评估教师的教学水平。

第三，市场化培训师和传统的大学教授在管理方面存在显著差异。在市场上，培训师的来源有两种：一是公司自己招募和培养，二是公司向外界招募。无论采取哪种方式招募，公司都能够根据培训结束后的表现来决定是否更换培训师。为了激励员工，公司会给予他们薪酬福利和职称评定。同时，公司也会考虑雇佣外部的专家，并依据他们的表现来决定是否继续招募他们参加培训。如果企业在培训后发现员工对培训的满意度较高，并且认可培训师的授课方式，那么企业仍然可以继续聘用这位培训师；但是，如果员工对培训的满意度较低，甚至不认可培训师的授课方式，那么企业完全可以考虑辞退该培训师。因此，评估市场化培训的效果对于培训师未来的发展至关重要。

然而，大学并不会因为一名教师的一节课表现不佳就解雇他。相反，大学对教师进行评估既是为了进行人事管理，也是为了促进教学质量。高校应该以培养优秀教师为核心，积极激励和鼓励他们，让他们在每一堂课中都有所收获，而不仅局限于单次课程的表现，更应该充分利用他们的潜力，努力提升他们的教学水准。

鉴于市场化培训师与高校教师的管理模式存在差异，因此，仅依靠市场化的考核标准来衡量高校教师的教学表现是不够的，必须采取更加全面的措施。

第四，市场化培训和传统的大学教育都是教育的重要组成部分，但它们的目标和方法有着显著的差异。市场化培训主要是为了提升企业管理者的管理水平，而大学教育则更加注重培养未来职业发展的人才。然而，这两者之间的差距也很明显。一方面，由于在校大学生缺乏实践经验，他们可能无法准确地掌握课程的要点。另一方面，企业员工拥有丰富的社会和工作经验，他们可以很好地理解课程的深入浅出。此外，每一位参与者都有着独特的角色定位，他们的积极性也各不相同。受训员工是一群专业的、具备良好职业素养的企业家，他们拥有极强的责任感、严格的要求以及良好的规范意识，他们积极地参与到培训的进程中。然而，大学生可能没有这样的认知，他们可能只能按照一定的模板来完成日常的学习，从而导致他们的自我管理能力和主动性都不够强。

第五，市场化培训和高校教师教学评估的方式有所不同。在市场化培训中，评估的重点在于学员对培训师的课堂表现的满意度，而高校教师的教学评估则更加关注整个教学过程，从课前的准备到课后的实施，都需要进行细致的考核。从这一点可以清楚地看出，教学评价与培训评估的范围有所不同。

（3）我国高校教师教学绩效评价不适合单一主体评价方式。

经过深入分析，我们发现高校教师的教学方式与市场化培训有很大的不同。这种差异表现在评估目标、内容、主体和结果的使用方面。因此，我们不能仅依靠市场化培训来衡量高校教师的教学成绩。在高校，教师的教学绩效评价不能仅依靠单一的评估机构来评估。由于教学工作的独立性、复杂性和持久性，我们应该采用多种评估方法来衡量教师的教学表现。

二、中国现行大学教师绩效评价制度的问题、经验与反思

随着时代的发展，大学教师绩效评价制度也在不断完善，从考核方式、指标内容、组织形式、实施程度、结果运用等方面都在不断提升，都朝着科学化、制度化、规范化的方向发展。然而，这一制度的出现也带来了一些问题，尤其是在“痼疾”中，它的制度性表现得非常突出，这使得其在教师人事管理中的重要作用受到了影响。长期难以解决。多年以来，许多学者和政府部门的管理者一直在努力研究当前教师评价制度中存在的问题，他们从多个角度深入分析这些问题的根源，并尝试提出有效的解决方案，以期解决这些问题。这些问题既涉及体制机制层面，也涉及方法技术层面，而且还受到外部环境的影响，形成了一些普遍的问题。应当客观地说，对于这些问题，先行研究者们已经比较全面地发现或整理了出来，但由于角度不同，侧重点不同，使得对这些存在问题的归纳显得不够，相对零散，不足以系统全面地进行认识，切中要害。在本章的前期研究及实证分析的基础上，我们将深入探讨制度机制、管理模式、评估目的、评估指标的构建、评估方法的选择以及评估成果的应用，以期更好地解决上述问题。

第一，为了提升教师的专业能力，我们需要改革传统的教师评价制度。这样，

我们就能更好地实现我们的目标，并让更多的教师能够独立的进步。同时，我们也需要加强对教师的监督和指导，以促进大学的自治。在当今复杂多变的环境中，大学要想发挥其最大的作用，就必须清晰地树立自身的办学宗旨，以满足国家的需求，并将其融入人才培养、科学研究和社会服务等方面。因此，大学的制度体系和教师评价制度都要紧密结合，以达成其总体目标。事实上，由于缺乏灵活性和创造力，大学组织往往无法有效地完善政府所设立的法规和政策。随着时代的发展，大学必须不断调整自身的管理模式，以满足当前的发展需求，并增强后发优势。因此，学校的发展目标应该被置于首位，但是，这种组织目标的优先原则，在评价管理制度上可能会导致教师参与程度的下降，从而削弱他们的个性发展，使他们无法充分发挥自己的潜力。根据“重组织目标实现、轻教师自主发展”的原则，许多高等院校都非常重视教师的评估，并将其作为管理的基础。但缺乏足够的关注，许多院校只能从阶段性的角度来衡量教师的表现，而忽略了他们的工作过程、状态、发展等方面的内容。

第二，在中国大学的教师绩效评价过程中，应该强调评估对象的主导性，而非仅仅依赖其参与。因此，教师应该充分发挥自身的知情、参与、决策和监督的职责，以确保其在评估过程中的有效性和公正性。由于评价者没有将自己置身于评估的核心，他们的观点被忽视，从而使得教师无法充分认可并有效利用这种评估方式。随着考核的推行，教师们的参与度明显降低，使得他们之间的民主沟通变得越来越少，导致教师们之间的竞争变得愈发激烈，彼此之间的距离也越来越大，这种情况严重阻碍了教师们，以及他们与考核者之间的团结协作，从而阻碍了和谐的校园氛围以及学术自由的发展。大多数高校采取的评价机制，以人事部门为核心，以教授及其他学术专家和学科带头人为辅，但也有少数采取更加灵活的、更具创新性的评价方法，以更好地反映组织的发展状况，从而更好地满足组织的需求。尽管定量的评价方法可以帮助我们更好地了解教师的学术水平和专业能力，但由于教师及其工作的特殊性，很难统一其绩效标准，因此，我们需要更加灵活、变通和宽容的评价政策、程序和规则，以便让更多的人能够真正了解教师的学术水平和专业能力，而不仅是将他们视为工具，是要让他们成为一个有责任感的人，从而更好地发挥自身的潜力，实现自身的价值。由于评价客体的参与功能被忽视，教师们对绩效评价的接受程度也不高，他们普遍认为，年度考核只是一种形式，完成任务就算完成，这使得绩效评价失去了其本应具有的意义和价值，从而影响了教师评价的实际效果。

第三，重点关注业绩效率的提升，而忽略内在质量的改善，这是评价的核心原则。在大学绩效评价实践中，评价导向一直是一个棘手的问题，即如何建立一个既能够帮助组织达成目标，又能够促进教师发展的评价体系。然而，在这一过程中，我们更加注重的是提高内在质量，而不是业绩效率的提升。相比之下，当前的大学评估制度的特点让人们对其是否能够有效地实施评估产生了质疑。目前，评估的主要问题在于，它过分强调组织业绩的提升，从而导致指标体系的设计偏向于量化。由于“做指标”的出台，使得全校上下的教师都被迫追求数量，而忽视了学术水平的提升。这种情况在我国大学中普遍存在，即使考核指标有所提升，学术水平也无法得到改善，甚至出现下滑的情况。校方在实施量化评价指标时，可能会面临诸如学校排名、能否进入重点建设、能否得到经费支持等一系列棘手问题。然而，有些高校在量化指标的使用中存在片面和极端的做法，导致了过度量化，从而破坏了质量与数量之间的平衡，这是一个值得我们深思的问题。在评估教师的能力时，一些量化指标是必不可少的，它们既反映了学校的规模和发展目标，又能够有效地提升办学水平和效益。“量”与“质”的关系并不容忽视，它们各自都有其独特的作用。量化考核在促进我国高校人事制度改革方面发挥了重要作用，但是它也存在一些问题，例如过度量化和片面量化。另外，目前我国的大学大多数仍然是教学型或教学研究型，而研究型大学非常罕见。在教育型或教学研究型大学中，教师的主要职责仍然是传授知识，培养人才，科研仅是其中一小部分的重点。由于当前的教师评价体系的影响，大学管理者偏离了研究型大学的目标，他们把能够快速反映研究型大学水平和教师业绩的量化指标作为衡量教师表现的标准，以“全心全意”为准则，要求每位教师都要追求科学研究成果，以达到更高的教育效果。无论自身是否符合要求，他们都会忽视自身的核心职责——教学工作。这种导向的实施给大学的教学质量带来了极大的挑战，一方面，教师们过分关注科研量化指标，而忽略了对教学工作的投入，从而严重影响了一所大学的教学水平；另一方面，由于当前社会环境的不良风气和市场经济的发展，教师们的教学素养也受到了影响，从而使道德修养、政治理论水平、身心健康素质等方面的质量整体下降，从而给大学的教学质量造成了极大的损害。由于过度追求物质利益，以及对学术的追求，导致出现了浮躁的学习风气，甚至出现了学术腐败的现象。这种评价方式的偏差，是造成当前教师道德水平低下、学术氛围混乱的根源。

第四，在评估指标体系中，重视数量指标，而轻视质量要求。当前大学绩效评价指标体系存在的问题，一是它无法准确反映教师的工作特点，无法全面评估教师个体；二是它过分强调量的追求，忽视了质的提升，导致学术浮躁。此外，量化指标设置的偏颇也使得学校内部学科间的发展不均衡；教师的教学、科研和社会服务之间的不平衡；学校长期发展战略与短期工作目标之间的不协调；以及处在不同发展阶段的教师之间的不平衡，都是影响大学绩效评价的重要因素。由于大学分层分类的认知和教师之间的差异性观念较弱，国家在评价教师时往往会采取统一的标准，而忽略了教师们在学科、职位、学历、年龄等方面的多样性，以及不同学校和办学层次之间的差异。在当今的高校教师评价体系中，存在着一些不完善的指标，这些指标的导向也不够合理。经过分析，我们发现，这种评价体系过于强调教师的科学研究能力，而忽略了作为一名优秀教师所必须具备的其他素质。当前的评价指标体系中，教师的科研成果和教学工作量被视为衡量教师质量的重要指标，而对于每位教师的评价则主要依据其是否完成了每学期规定的学时教学任务，只有达到了要求，才能够获得考核的认可。教师评价指标体系的制定缺乏有效沟通，无法反映教师的工作状况，也无法实现指标设计者的初衷。因此，在科研成果指标中，应该重视教师发表论文的数量，并且要求其发表在国家级、省部级期刊上，此外，一些学校还应该要求教师获得一项或两项以上的国家级、省部级奖项。尽管量的规定仍然存在，但是教师评价体系中的三个主要具体评价指标，即科学研究成果、学术论文和教学工作量，已经开始重视质量的高低，并且与社会生产和教学实践活动有了更加紧密的联系，从而使得评价标准更加具有针对性。对科学研究成果的评价，应该从实际应用价值出发，而不是仅强调课题与成果的级别，以及申请课题与获奖级别高低、课题数量的规定，同时也要考虑到课题内容的专业性。由于大学教师在申请课题时缺乏对自身专业水平和研究能力的认知，以及对课题应用意义和价值的认识，他们更多关注的是课题的成功程度、能否获得奖项，而忽略了科学研究的最终目标。学校在评价学术论文时，往往会过分强调论文的级别和数量，而忽略了论文的质量，甚至没有明确的内容要求。因此，教师们往往会盲目地、大量地、匆忙地发表学术论文，以达到自己的标准。随着经济发展的加快，大学教师发表论文的数量也在迅速增加，但是发表论文的功利性却更加明显，他们更多的是基于理论与实践研究探索，而不是基于学术论文的真正价值。这种论文的质量不仅无法得到保证，反而会对高校的学术氛围造成极其恶劣的影响。此外，在评价教学工作时，只强调教学工作量的多少，而忽略了教学效果的优劣、教学质量的提升，以及教学内容的更新、教学方法的改进等因素。

第五，在评价的方式方法层面，重视量化分析，而不是定性判断。作为“劳动的复杂性”的职业，大学教师的工作时长存在着明显的模糊性，无法确切地划分出明确的工作范围，也无法通过统一的量化指标来准确评估他们的工作成果。在衡量教师的工作表现时，我们不应该局限于企业的产量和时间。这些指标并非唯一的衡量方法，例如，教学效果、培养成果、科研水平和学术造诣。我们需要寻找一个统一的衡量标准来衡量这些工作的表现，而不是仅依靠它们。例如，在进行教学评估时，我们不应该局限于课时数和课程量，而应该关注质量。由于大学教师的工作内容极具挑战性，且其工作成果的识别周期较长，因此，他们的工作成果很难被准确衡量，工作过程也无法实时得到监督，因此，目前，大学教师评价的第一要素就是采用定量方法。近年来，“打工分”这一定量评价方式已经不再适用于高校教师，因为它将教师的工作分解为多个指标，并给出相应的分数，从而使教师的工作绩效得不到有效的衡量。由于过多的量化评价方法，定性评价的重要性受到了削弱，尤其是那些无法通过量化评价来衡量的，如教师的职业操守、工作态度、责任心和思维品质。因此，由于缺少定性评价，我们无法准确地评价一名教师的能力和素养。由于采取的评价形式过于简化，重量化分析而忽略了定性判断，以及没有进行全面的资料收集、分析，加上评价者之间缺乏足够的沟通，从而导致评价的准确性和可靠性受到了影响，而且受到了评价者的主观感受、情绪变化以及个人关系的影响，从而使得评价结果存在较大的偏差，甚至可能出现失真的情况。

第六，重点关注评估结果的应用，并在评估过程中不断自我改进。当前，大学教师绩效评价存在着一个普遍的问题：它更多地强调了显性成果，而忽略了隐性潜力。这种做法导致对教师工作量和教学质量产生了偏见，仅依靠论文发表、著作字数和科研项目金额等指标就能够衡量教师的工作成果。因此，应该加强对教师工作量和教学质量的考核，并且更加重视教师工作中所体现出来的潜力，从而更好地激励和促进教师的专业发展。然而，对于科学研究的质量评估却常常被忽略。教师的教育和教学质量可以通过学生的素质提升来衡量，但是，他们的科研成果和文化价值却很少被考虑进去，而且他们在工作中的心理状态、情绪变化和思想转变也往往被忽视。由于忽略了隐藏的潜能，使得评估过程缺乏有效的机会来改善和优化教师和组织的运作。为了更好地发挥教师绩效评价的作用，我们需要扩大它的应用范围，并增强它的激励性。通常，这些评估结果可以用于职位晋升、薪资分配和奖惩等方面。通过采取有效的措施，我们可以更好地帮助教师，尤其是青年教师，达到高效、实用、有计划地开展校园培训活动。最后是评价结果的科学性还有待提高。在教师评价中存在着一种倾向，就是期望通过评价给评价对象一个清晰的、确定的、非此即彼的判断，这种倾向表现为非此即彼的硬性使用，对教师要给予“行与不行”“好与坏”“优与差”的评价。高校教师评价中的这种倾向，忽视了非此即彼之间存在着广阔的中间地带，尤其是关于人的素质的评价很难简单地用“好或坏”的标准进行判断，其中有许多属于中性品质。但忽视中性品质的存在或将中性品质进行评价的结果，使许多高校教师有压抑感、紧张感，由此产生不少心理疾病。

（一）现行大学教师绩效评价制度的基本经验

经过多年的发展，我国高等学校教师考评制度已经成为一种有效的教育管理机制，它不仅能够适应当下经济社会发展的需要，而且能够体现中国高等教育发展改革的阶段性特点，在加强教师队伍建设、促进教师管理制度完善、提高教师工作积极性、提升教师队伍整体素质等方面发挥了重要作用，为教育改革提供了有力的支撑，取得了丰硕的成果。总的来说，这主要涉及以下七个方面。

第一，注重把考核评价大学教师的思想政治素质放在首位，强调他们应该具备德才兼备的素质，并且以德为先。这样，教师的思想政治素质和职业道德水平才能不断提高，保证高等学校的办学方向符合社会主义方向。我们应该把培养全面发展的社会主义建设者和可靠接班人作为考核评价的重要内容，坚持将教书与育人相结合，政治理论教育与社会实践相结合的原则。强调育人标准，推动教师思想政治素质和职业道德水平的提升，是社会主义大学在考核评价和实践运用中最突出的特色。

第二，重点关注“人才培养、科学研究、社会服务”三大任务，建立教师考核评价指标体系，鼓励教师在教学、科研、服务社会等方面，坚持本职岗位，不断提升教学质量和服务水平，为大学的持续发展和水平质量的提升作出积极贡献。

第三，重视群众评议与组织考核的结合，充分发挥多方参与的作用，采取多种措施激发教师的积极性，鼓励其自身、同事、学生、社会团体等共同参与考核评价，不断探索将他人评价与自我反思相结合的方式，使得考核评价更加贴近群众，从而促进考核评价工作的持续发展和改进。

第四，要结合统一的要求和分类指导，注重分级分类考核评价。近年来，随着教师专业技术职务被划分为十三级，各高校都提出了相应的岗位要求和评价标准。为了更好地评估教师的能力，我们应该根据不同的职级制定不同的考核标准。同时，我们鼓励将教师的表现与学校内部员工的表现相结合，以促进学校内部评估体系的完善。通过分项评价，将教授、副教授、讲师、助教的职务晋升与绩效评价有机结合，以实现不同类型评价之间的均衡发展，为建立完善的大学绩效评价体系提供了有力的理论支撑和实践基础。

第五，为了确保考核评价的公平、公正，我们应该加强对其进行监督，并将评估结果公开，以提高评估的透明度和同行专家的公信力。这样，我们就能够更好地接受教师和社会的监督。通过严格的评估程序，高校可以确保教师的工作表现符合要求，并且能够得到学校的认可。这样的评估机制不仅有助于提升教师的专业水平，而且有助于促进大学的民主化。

第六，重视高校教师考核结果的运用，将其作为学校或院系对教师进行奖励、培训、解聘、晋升、晋级的重要依据。将考核评价结果与教师的利益紧密结合，发挥其奖励和激励作用，以促进教师的发展和提高教学质量。通过对教师的评价，我们发现，这种方式给教师带来了压力，改变了他们对工作和学习的态度和看法，为营造竞争和创新的工作和研究氛围作出了重要贡献。

第七，努力推进教师考核制度的法治化，以提高教师的教学质量。为此，各高校制定了详尽的评价指标体系，并建立了严格的评价程序，设立了专门的评价机构，以确保教师的教学质量。

自中华人民共和国成立以来，尤其是改革开放以来，中国大学一直在不断探索和实践教师考核评价的制度，从而积累了丰富的经验，这些经验表明，中国的大学教师评价体系正在朝着制度化、规范化的方向发展。虽然我们在某些方面未能一直保持良好的状态，但从内容、形式和精神层面来看，这对于改进和完善当前大学的教师评价体系具有极为重要的参考意义。

（二）现行大学教师绩效评价制度反思

事物总是有其双面性，因此，在我国大学教师考核评价制度的建立和完善过程中，我们也应该反思其中的许多方面，以便更好地实现这一目标。

1. 迫切需要大学对大学教师劳动特点进行更深层次的认识

由于劳动的复杂性，大学教师们通常会在某些特殊的领域取得杰出的成就，他们所从事的工作需要投入大量的时间和精力，而且由于他们的劳动没有明确的结果，所以很难被外界所掌握，也很难进行有效的监督。在大学教育中，劳动成果的识别过程非常漫长，从学生的培养质量到科研成果的评估，都需要耗费数十年的时间才能完成。大学教师的工作表现难以立即评估，因此，传统的评估方式过于简单，缺乏多种评估手段的应用，特别是没有评估者对被评估对象的全面收集，以及与被评估对象的深入交流和实地观察，导致评估效果不佳，容易受到主观印象的影响，从众心理导致的趋同效应，以及评估者情绪波动或人际关系不良等因素的影响，使得评估结果出现偏差甚至失真。为了更好地评价教师，我们应该根据学校的不同类型和层次，学科的特点和岗位职责的要求，建立一个符合高校教学和科研工作规律的评价体系，旨在促进教师的专业发展和绩效改进。这个评价体系应该由品德、知识、能力和业绩等要素组成。

2. 迫切需要修正指标的导向作用

科学的评价标准是教师发挥专业能力的重要基础，它不仅可以提高教育质量，而且可以帮助教师更好地实现教书育人的目标，促进教师专业发展。然而，教师职业具有极强的思想性、专业性、实践性、长期性和复杂性，因此，制定科学合理的评价标准是一项艰巨而又具有挑战性的任务。标准条件问题是一个引导性的话题，教师们也会关注这个问题。为了更好地评估教师的教学能力，我们需要制定一个符合教育教学规律和教师成长规律的标准。这个标准应该被广泛认可，并且易于操作。重点在于，它应该与大学的教学科研实际相结合，以便真正评估教师的师德水平、教学科研能力和社会服务能力。此外，它还应该客观准确地反映教师的教学业绩，并有助于指导教师不断提高自身素质。政策制定者应当仔细研究不同层次的学校和学科的教师的特征，深入挖掘他们的个人潜能，并将他们的专业背景、专业特质以及专业规律完整地纳入评估标准中，以此来更好地衡量教师的工作表现。为了促进教师的创新能力，我们应该明确评价导向，并且适当延长评价周期，以便更好地激励教师进行创新，并且能够产生高质量、高水平的学术成果。我们应该从重视过程管理转变到更加重视目标管理，从重视年度考核转变到更加重视聘期考核，从单纯的数量评价转变到更加重视质量评价，而不是片面强调发表论文和获奖的数量，以此来克服急功近利的行为，并且支持优秀人才进行原创性研究和具有重要科学价值的长期研究。许多人认为现在的考核过于复杂，给教师带来了巨大的压力。因此，如何建立一种简单易行、严格遵守法律法规的考核机制，成为当前需要解决的重要问题。

3. 迫切需要更加关注教师的自主发展

尽管大学教师的内在需求和价值观念是推动他们自主发展的重要因素，但外部环境的支持和鼓励也是不可或缺的。因此，高校应当积极探索和利用这一机制，为他们提供良好的发展环境，以促进他们的自我实现。首先，高等教育管理部门应当深入研究我国教育事业的发展趋势，以期从更加有利的角度出发，制定出更加符合实际的政策和措施，以促进大学教育的发展，同时也要在科学合理的前提下，尽可能地放宽对大学教育活动的限制，让大学拥有更多的办学自主权。其次，应该以“大学教师为本”为指导思想，建立一套科学合理的绩效考核体系，以激励大学教师全心全意为国家教育事业作出贡献，既体现了“师德”的指导思想，又引导教师将更多精力投入培养未来国家栋梁之材的工作中。应该重视为大学教师提供一个舒适的工作环境，并且合理地提高他们的薪酬和待遇，以确保他们在支撑“三大功能”的过程中能够无忧无虑地工作。最后，为了更好地促进大学教师的自主发展，应该建立一个信息体系，以便更好地评估他们参与知识创造、传授和生产力转化工作的政策效果，并及时完善相关政策。同时，应该尊重教师在评价过程中的主体地位，充分调动他们的积极性、主动性和自觉性，使评价过程成为一个教师自我认知、自我分析、自我改进、自我完善和自我教育的过程，从而为大学教师的自主发展提供有力的支持和保障。

4. 迫切需要进一步把握坚持定性和定量的协调关系

随着 21 世纪高等教育改革的不断深入，定性与定量、质量与数量的关系问题一直是评价制度体系的核心，因此，理论与实践界都在反思现行的以量化为主的考评制度，要求建立一套完善的定性与定量评价相结合的大学教师考核评价制度，以更好地反映大学教师的实际表现，并且实现对教师的全面评价，以及对教师的教学过程的全程监督。应当着力确定合理的“量”和“质”指标，以此来改善学术道德状况，这是一项技术性的任务。根据学科的特点和岗位职责，对教师进行综合评价时，应重点考察其在教学、科研和社会服务等方面的表现。对于教学科研型岗位，应重点评估其教学能力和效果，同时也要考察其在基础研究方面的贡献；对于应用和工程技术研究，应重点评估其解决关键技术问题的能力；对于哲学社会科学研究，应严格把握其政治倾向，并重点评估其学术影响。通过创新的评价方法，我们可以更好地评估工作绩效，并且这种方法应该是多样化的，并且应该是开放的。此外，我们还应该强调同行专家，特别是校外知名专家，以及专业组织和学生在教师评价中的重要作用。通过不断创新和改进方法，使定性和定量的关系能够保持协调一致。

第五章　高校教师教学绩效评价模式分析

本章介绍了高校教师教学绩效评价模式分析，主要包括我国高校教师绩效评价模式的构建以及360度绩效考评法的适用性两部分内容。通过分析以期建立更合理的绩效评价模式。

第一节　我国高校教师绩效评价模式的构建

在构建教学评价模式时，需要考虑四个方面：评价主体的选择、评价内容的选择、评价方式的选择以及各评价主体所占的合理比重。根据评价目的的不同，选择的评价主体也会有所不同。发展性评价通常采用定性的方式，如召开座谈会、进行访谈、观看教学录像等，评价的内容涵盖了教师教学的各个方面，重点关注的是局部问题，只要能发现问题，并通过一定的方式解决问题，就可以进行有效的评价，从而提高教师的教学水平，促进教学质量的提升。通过不断改进教学方法和模式，最终可以提高教师的教学质量。除了采用定性评价方式，还可以通过奖惩性评价来衡量教师的表现。这种方法与专家评估教师的作用相似，但它可以更全面地了解教师的整体水平，从而更准确地评估出哪些教师在教学工作中表现得更出色。然而，这种方法并不涉及对教师具体教学情况的评估，因此不再进行深入探讨。

本书主要讨论用于奖惩性评价目的的定量评价模式，定量评价旨在通过对教师的教学表现进行客观评估，以及对其在学生中的排名情况进行比较，以便更好地了解学生的学习情况和专家的专业水平。当前，许多高校的教师教学评价主体由学生和专家组成，但是他们的评价标准和比重尚未统一。因此，为了更好地评估教师的教学表现，我们需要对两个评价主体的评价内容进行深入探讨，并结合他们在总体评价中的贡献，确定出他们在教师教学评价中应有的合理比重。

一、教学绩效评价内容的设计思路

第一，将学生与专家的评估结果结合起来，形成一个综合性的考核机制，以此来衡量教师的教学表现。目前，大多数高校都采用了一套由学生与专家共同构成的评估指标体系，以此来衡量教师的教学质量。然而，这种方式可能会让教师感到担心，因为他们无法确定学生是否具备足够的能力和认真的态度来评估教师的教学效果。此外，无论是学生还是专家，都会以自己的标准来衡量教师的课堂教学，而不仅局限于教学本身。针对三方面的质疑，我们认为专家评价可能会对教学绩效产生一定影响。因此，我们决定采取一种综合性的方法，即将学生与专家结合起来，对教师的教学表现进行全面而客观地评估。

首先，在评估教师的教学表现时，学生和专家都有各自的优势和不足之处。学生的优势在于他们能够参与整个学期的课堂教学，并且对教师的教学质量有较深的了解。然而，他们也存在一些问题，例如缺乏评估能力，无法很好地了解和判断教师的课前准备和课后安排。相比之下，专家的优势在于他们拥有丰富的经验，可以通过查阅资料来了解教师的课前准备和课后安排。通过将学生和专家的教学绩效进行综合评估，可以充分发挥双方的优势，并且可以弥补各自的不足，从而使评估结果更加有效，无论是在形式上还是内容上。

其次，将学生评价和专家评价结合起来，可以消除教师担心专家评教只是形式上的评估，而实际上教师的教学质量完全取决于学生的表现。因此，在评估教师的教学绩效时，必须将这两种评估结果结合起来，才能得出一个客观准确的评价。采用这种评估方式可以让教师感到公平。

最后，当学生了解到自己和专家的评价共同决定了教师的绩效得分时，他们会感到受到了约束，并且会更加认真地对待教学评估活动，避免随意性。

第二，教学绩效评估应该从整个教学过程出发，既要关注课堂表现，又要考虑到课外活动的参与，以及学生的学习表现。仅仅依靠课堂表现来进行评估，很难充分反映出教学的真实状态，甚至可能会让教师误解，认为只有通过努力去完成课堂任务，才算得上优秀。事实上，大学的教育模式强调课堂外的活动，因此，教师必须在课堂之外进行充分的准备和反思，并且积极参与课后的讨论和指导，才能达到最佳的教学效果。在大学教育中，教师的教学质量不仅取决于他们传授的知识，更取决于他们与学生之间的人际关系、思想交流和相互合作。因此，评估教师的教学质量应该包括课前准备、课堂教学实施和课余时间的辅导，从而使得教学过程更加完善，更加有效。

第三，教学绩效评价应该既反映出教师的教学水平，也反映出学生的学习情况。传统的教学模式更加注重“教”，忽略了学生的主动性和参与度，导致教师仅把知识传授给学生，而学生则只能被动地接受。现代教育理念强调培养学生的内在人格，不能仅局限于知识的积累，而是要将重点放在提升他们的学习能力上。这一理念的形成源自人本主义思想。

人本主义理论强调的教学特征包括三个方面。

第一，重视学生在教育中的主体地位。人本主义认为教师应该以学生为中心，以学生的内在动机为出发点，根据学生的需求选择适当的教学内容，激发学生的学习动机；要发挥学生的主体性，教师不仅要传授知识，更应该成为学生学习的引领者、促进者和合作者，以帮助学生更好地理解和掌握知识，并培养他们的创新能力和实践能力。采用既有教师又有朋友的方式，合理地引导学生获取知识，培养他们的学习技能。

第二，强调将认知和情感结合起来进行教学。教师应该公开、坦诚、相互信任地与每个学生交流，认真倾听他们的意见，重视他们的学习体验，尊重他们的个性，并发挥他们的创造力。

第三，人本主义心理学家强调，建立良好的师生关系是有效教育的基础。教师和学生是教育过程中最重要的两个组成部分，他们之间的互动和沟通是建立良好师生关系的关键，只有通过有效的沟通和交流，才能够建立起一种真正的情感化的师生关系。教师和学生都是互相影响、互相作用的主体，因此，教育教学活动需要双方协作，共同努力，才能取得最佳效果。建立良好的师生关系，是实现教育教学目标的基础，也是实现教育教学目标的关键。

从上述分析来看，学生对教师的评估不能仅局限于教学内容，还应该考虑到学生的学习成绩、师生之间的交流情况等因素，从而更加全面地衡量教育的质量。美国著名大学的教学评估项目正是最佳的证明，它既能够反映教师的教学水平，又能够全面地反映学生在学习过程中的表现。评估不仅要考虑教师如何组织课堂，还要考虑教师与学生之间的交流，以及教师如何给予学生尊重、指导和支持。许多学校并非仅依靠“教师做得如何”的标准来评估学生的学习表现，他们更加看重学生的实际体验，以此来衡量教学的成果。“以学评教”的做法清晰地表达了美国大学的思想，即以学生的学习表现为基础，以此来评估教学的有效性。美国大学普遍认为，一个教师的教学能力取决于学生的学习体验，因此，衡量一位教师的教学质量，应该以学生的学习反馈为基础。

第四，每个评估者都应该根据自己的专业知识和能力来评估相关内容，这些内容如下。

首先，在进行教学绩效评估时，应该充分考虑学生的潜能与个性差异。教师的教学质量有着丰富的内含和广泛的外延，其中一些是学生可以直接感知到的，他们能够作出客观、准确的评价；而另一些则是超出学生知识范围的，他们无法作出准确的判断。经过对部分高校学生评教量表的分析，发现有些指标是学生无法完全掌握的。学生们不具备评价学科知识前沿性的能力，因此，他们无法准确地评估教学内容的前沿性，也无法准确判断教材的选用情况。尽管这些学术性较强的指标具有重要意义，也应该由专家来进行客观、公正的评估，而不是仅依靠学生的主观判断。

根据国内外的研究结果，学生们通常可以从以下八个角度来评价一位教师：教师的教学技巧；教师的专业道德和道德标准；教师与学生参与度和课堂互动；教师与学生之间的互动；教师的课堂安排和管理；教师的讲解清楚、有条不紊；教师的考核公平；教师的学习成果。然而，在“教师的教学目标”“授课内容的适合性和先进性”“评分的宽严程度”这类涉及课堂和学术知识的内容上，学生的表现有些薄弱。

除了作为课堂教学的主体，学生也应该参与到课程的各个环节，包括教师的准备、试题的设计和考核结果的评估中，从而更好地反映出教师的教学水平。因此，在制定学生评估的指标时，应该既考虑到学生的能力，也考虑到他们的认知水平。

其次，教学绩效评价要考虑专家的能力和特点。在评估教师的教学表现时，专家应该充分考虑其能力和特点，而不仅是单纯地评估课堂活动。应该仔细审查教材、教学大纲、教学目标、教学中使用的阅读资料目录、练习、考试作业以及其他有助于反映教学内容的文献，以便更准确地评估教师的教学表现。专家们认为，这对于评估一名教师在该领域的知识水平、对最新发展的敏感性以及是否履行了课程教学的职责，是非常有价值的。

同行专家在评判教师的教学绩效时，重点关注的是课程内容，如教材选择、课程大纲和目标、用于讲课的书刊目录和资料、课程作业和考试，而不是方法本身。通过这些信息，我们可以评估一名教师对该学科的掌握情况，以及他是否能够跟上当前的发展趋势，并且能否完成教学任务。通过抽查课程考试、论文和设计，学生可以更加深入地了解教师的评分标准，从而更好地评估教师的教学水平。此外，学生的分数分布也可以反映出教师的评分水平，从而更好地指导学生学习。

专家们可以通过多种方式进行评估，包括但不限于：教学准备、课后安排、课堂教学、查阅资料、与学生交流等。专家们可以通过查阅教师准备的课程目标、教学活动、教材、讲义、阅读与参考书目单、教学大纲、讲稿、习题和设计作业、考试和学生成绩等材料，来评估教师的教学准备水平、课业负担程度的设计是否合理，从而更好地指导学生的学习，提高学生的学习效果。教师在评估学生成绩时，会采取什么样的标准。

第五，评价内容应具有可测性，表述应清晰明了。经过对国内六所高校（包括中国人民大学、首都经济贸易大学、北京联合大学、山东工商学院、贵州大学、广东海洋大学）学生评教量表的指标分析，发现目前存在一个问题，即每个评价指标所包含的信息量都较大，因此，应当采取有效措施，以减少信息量，提高评价的准确性和可靠性，以便更好地反映学生的学习情况，为学生提供更有价值的教育服务。

比如，一所大学对教学态度的描述是“认真负责、敬业勤勉、重视与学生沟通、尊重学生、课前准备充分”，其实际上涵盖了多层次的意义：首先，教学认真，指的是课前准备充分，授课时认真负责；其次，与学生的关系，指的是尊重学生，重视与学生的交流。通过一个指标来评价四层意思可能只会反映出教师的两点，而另外两点可能不具备，但是如果仅依靠一个分数来衡量，就会导致评价结果具有不准确性。

无论是学生的反馈，还是专家的意见，评估的重点都应该放在可见的教学结果上，而不是一些晦涩难懂的理论中。评估的指标应该准确地反映出教师的课堂表现，以及学生的学习成果。除了一个指标，应该尽量减少其他指标的数量，以便更准确地反映出实际情况。

二、教学绩效评价的指标构成

根据不同的教学环节，教学评估的内容也有所不同，包括课前准备、课堂实施和课后反思。因此，在进行教学评估时，应当考虑以下三项指标。

（一）教学准备

具体指标如下。

（1）精心挑选教材，使其难易度适中。

（2）确定明确的教学目标，以便让学生能够更好地掌握。

（3）制定完善的教案，使其内容更加合理。

（4）精心挑选阅读和参考资料，以便让学生更好地掌握学科知识。

（二）课堂教学

当前，为了更好地衡量教师的课堂教学表现，国内大学在制定评估指标时，主要考虑了教师的态度、教学内容、方法和效果四个方面。

（1）教学态度的具体指标如下。

第一，教师能够及时到达课堂，熟练操作设备，并且做好充分的准备。

第二，教师在讲授过程中表现出极大的热情。

第三，教师的课堂安排紧凑而有条理，时间分配合理，课堂管理也十分严谨。

（2）教学内容的具体指标如下。

第一，课程内容丰富多彩，案例丰富，信息量大。

第二，教师讲解清晰明了，学生能够轻松理解。

第三，课程内容的广度和深度要适合学生的知识基础和能力水平。

（3）教学方法的具体指标如下。

第一，教师应该拥有出色的多媒体技术，以及优秀的课件制作能力。

第二，应该采取多种形式授课，比如通过案例分析、讨论、实践、观看视频等。

第三，应该有良好的课堂气氛，以唤醒学生的学习积极性。

（4）教学效果的具体指标如下。

第一，教师应该积极参与课堂活动，与学生建立良好的沟通。

第二，教师要充分尊重、关爱学生。

第三，在学习完本门课程之后，学生可以获得更多的知识，从而获得更大的收获。

（三）课后安排

重点考核指标如下。

（1）提供有价值的作业，并及时评估学生的表现。

（2）确保试卷的结构和难度符合教学目标和要求。

（3）为学生的期末考试提供公平的评分。

三、教学绩效评价主体所占的比重

通过 20 个指标的综合评估，我们可以更加全面地了解高校教师的教学绩效。专家们拥有丰富的教学经验，并且具有出色的评估能力，因此，课前准备和课后安排的评估应该由专家们来完成。而“及时批改学生的作业，反馈学生的问题”这一指标则更加贴近学生的实际情况，因此，学生的评估更加合理。

在课堂教学评估中，专家们会对教师的授课态度、时间安排、管理方式等方面给予高度的认可，并且要求教师的授课内容要符合学生的知识基础和能力水平。专家们对于教师的课堂管理会以一些不符合学科内容的话题作为衡量标准，但他们也会对授课内容的广度和深度进行客观、公正的评估，以确保学生们可以获得最佳的学习体验。

学生是课堂教学的核心力量，他们对于教师的教学质量有着最直接的反馈，因此，除了专家评价的两个指标，其余指标都应该由学生来进行评估，以确保课堂教学的有效性和质量。

在教学过程中，上述 20 个指标的作用是相同的，即每个指标在总指标中所占的比重相同，均为 5%。为了更好地评价学生和专家，我们设定了他们各自的比例：专家对 9 个指标进行评价，学生对 11 个指标进行评价，因此，专家和学生在总指标中的比例应该是 9 ： 11，即专家占 45%，学生占 55%。

在我国高校教师教学评价模式中，应根据不同的评价目的进行分类。然而，在构建发展性评价模式时，应采用定性评价方法，以发现教师教学中存在的问题。根据前文分析，在实施发展性评价时，评价的主体应包括教师本人、学生和专家。

评价内容可以涵盖教师教学的各个方面，并贯穿整个教学过程。教师可以通过观看教学录像、课堂听课、查阅资料等多种方式，并结合个人感受和专家的意见，对教师的教学绩效进行定性评价。这种评价方式不仅能够帮助教师发现问题，而且还可以指明改进的方向，从而更好地提升教学质量。

四、绩效评价中各维度的平衡

教师绩效评价一般包含教学、科研和服务三个维度。此外，在我国大学教师绩效评价中，还包括师德等维度。这一部分就教学、科研和服务这三个维度进行分析，指出各个维度的特点及其存在的问题。如何在不同维度之间进行很好的平衡，则需要根据不同大学的特点及其发展战略，制订不同的教师绩效评价方案，合理设计指标和权重。

在教师绩效评价的三个维度中，教学评价一直列为首位，这说明教学在评价中占有非常重要地位。在大学中，虽然教学评价仍是首要的评价方面，但在具体的实施中却经常大打折扣。在对教师教学的评价中，存在主要依靠学生评价的现象。这主要是因为在教师绩效评价中使用学生评价具有其内在的优势。由于学生每天在课堂与教师密切接触，倾听教师授课，对教师的课堂教学情况非常了解，可以说学生评价所提供的各种信息一般来说比较可靠、准确。教师通常也愿意根据学生评价的反馈及时调整自己的教学内容，改进教学方法，寻求提高教学质量的途径。研究显示，采用精心设计的具有专业化水准的学生评价问卷，能够很好地反映教师课堂教学质量和教学能力，其评价结果与同行教学评价和督导教学评价结果具有较高的相关性。但是，学生评价过程中如果评价问卷设计不合理，会受到教师教学以外的其他因素影响，比如班容量、上课时间等。对于学生评价的质疑已经有很多相关研究，如著名的“福克斯博士实验”。这是一项由三名研究人员于 20 世纪 70 年代进行的研究，研究者聘请了一名演员扮演福克斯博士给一组教师上课，并伪造了一份福克斯博士的简历。要求该演员在讲授过程中要将课程讲得富有表现力和娱乐性，但要让讲话逻辑混乱，重复而又缺乏内容。之后又让另外两组教师收看该演员的授课录像，课后都要求教师匿名填答调查问卷，给教师打分。结果发现教师为讲演者打分很高。但肯·贝恩并不认为学生评价不起作用，他认为，该研究最重要的缺陷是研究者问错了问题，在所提出的八个问题中，没有一个问题是问听众学到了什么，贝恩认为这是识别优秀教学的关键因素。从这一角度来看，在对教师教学绩效进行评价的过程中，应该科学合理地设计问卷，并全面考虑应对哪些方面进行评价，具体来说，在教师绩效评价中如果采用学生评价，应关注以下四个方面的问题。

第一，通过制定教学标准，使对教师的教学评价建立在合理评价标准的基础上。无论是采取学生评价，还是同行评价，还是督导评价，或者是父母评价和校友评价，或者综合不同各方对教师的教学评价，都应该建立在清晰明确的教学评价标准之上。通过制定教学标准，对教师教学绩效进行评价，以促进大学教学水平的提高。很多国家都制定了相应的大学教学标准，旨在对教师教学进行有效评价，提高教学质量。2006 年，英国高等教育学院与其他一些机构联合发表了“英国高等教育教学专业标准框架”并于 2011 年对该框架进行了进一步修改。该框架分为活动领域、核心知识及专业价值等三个维度。其中活动领域主要包括以下内容。

（1）学习活动或研究方案的设计和规划。

（2）通过教学方法，（或）其他方式来帮助学生发展。

（3）对学习情况进行全面的评估，并及时向学生反馈。

（4）建立一个有利于学习的环境，以便为学生提供必要的帮助与指导。

（5）教师应在学科领域和教学方法上不断关注自身的职业发展并对研究、学术和专业实践评价等活动进行整合。

核心知识主要包括以下内容。

（1）课程内容。

（2）在课程领域和学术计划中采用适宜的教学方法、学习策略和评估途径。

（3）学生在课程或学科领域如何学习。

（4）考虑使用适宜的学习技术及其发挥出的作用。

（5）评价教学有效性的方法。

（6）教学质量保证和提升专业实践能力的意义。

专业价值主要包括以下内容。

（1）尊重学习者并倡导具有多样性的学习环境。

（2）促进高等教育参与，实现学习者机会平等。

（3）使用以事实为依据的方法和应用来自研究、学术的结论，促进职业发展。

（4）认识到更为广泛的高等教育背景下的职业实践及其意义。

这些标准既可以作为教师职业发展的学习目标和效果定位，也可以作为教学评价的内容。英国各高等院校在该框架下开展教师教学评价。我国大学在制定教师教学绩效评价时，也可以参考这一标准，制定相关的教学评价标准，指导教学评价活动的展开。

第二，采取学生评价与同行评价、督导评价、校友评价等相结合的多元化评价方式。为了避免学生评价的片面性，可在采取学生评价的同时，采用学生评价与同行评价、督导评价、父母评价和校友评价等多主体对教学进行评价的方式，实现教学评价多元化。同行评价能够通过课堂观察，对教师的讲授材料、课程设计进行专业评价，同时，从学科领域的角度将课堂教学与学院或系的目标、首要任务、价值标准等密切联系，并通过与被评价教师之间的交流，为教师改进和提高提供建议，这有助于被评价教师的职业发展。我国大学经常会采用督导评价的方式对教师的教学进行评价。督导评价则从管理人员的角度，对教师的教学进行评价，通常是教务处等部门组织相关领域的退休人员进行评价。这些评价者可能是被评价教师所属学科领域的专家，也可能是其他领域的专家，会从学术角度对教师的教学情况进行判断，并通过与教师的沟通，帮助教师改进教学方法和教学内容。校友评价是邀请已经毕业的学生对教师的教学进行评价，这种评价方式会更为客观公正，而且克服了由在校学生进行评价的短期性问题，能够在较长的时间段内，对教师教学作出较为公正的判断。还有院校邀请学生的父母对教师的教学进行评价。在教学评价中，由院长或者系主任作出评价的方式也被一些院校采用。在美国的一些院校中，院长或系主任通过课堂观察、评审学生学习情况的材料、分析学生反馈情况等对教师教学进行评价。院长或系主任熟悉院校发展目标和基本工作重点，能够获得关于教师的其他方面的材料，并能够对被评价教师与学院或者系的其他教师进行比较，能够直接与被评价教师进行沟通，将评价结果直接反馈给教师，并与教师共同讨论教学情况以及如何改进、提高等问题。但院长或系主任评价结果，会受个人喜好和其与被评价教师关系的影响。在美国的一些大学中，会组织由外部专家组成的小组通过课堂观察和分析学生学习的数据对教师的教学进行评价。这种评价方式中，由于评价者是外部专家，对学院或系内部的情况和所存在的问题不清楚，所持有的偏见会少一些，评价更具有客观性，但评价会受评价者个人价值观的影响，而且评价者作为局外人，对院校不负有任何学术上的责任，也会影响评价的有效性。总之，综合运用多种方法，而不是单纯地以学生评价方式对教师教学进行评价，才能更为准确地反映教师的教学水平。

第三，通过设立教学奖的方式，对优秀教学教师给予认可和奖励。为了激发教师的教学热情，可以在大学外部和大学内部设立一些教学奖励奖项，保证对优秀教学给予认可和奖励。通过一些教学奖的获得情况，对学生评价、同行评价、督导评价和系主任评价等评价方式进行补充，从而对教师的教学进行科学合理评价。在英国也有相关对教师教学进行奖励的奖项，如英国高等教育领域的“教学与学习发展基金”“教学质量进步奖”“国家教学奖”等。在大学内部也会设立相关奖项，如我国大学中一般设立“校级名师”“校级精品课程”和“青年教师教学大赛奖”等奖项对优秀教师的教学进行奖励。美国很多大学也设立各种类似项目，如莱斯大学的“卓越教学奖”等。通过这些奖项的设立，在某种程度上对教师的课堂教学评价更为全面。

第四，通过制度建设，保证教师教学投入。为了提高教学质量，大学通过制定相关政策，对教师的教学方面进行规范和评价，以保证教师教学质量。以英国为例，英国高等教育质量保障署（QAA）从外部保证教师教学质量。该机构成立的宗旨是对高等教育提供全面系统的服务，其主要目的在于提高高等教育质量，对高等教育机构进行外部监测，其中包括对教师的教学水平进行评估。英国政府采取了一系列措施来提升大学教师的教学能力，其中包括开设高等教育资格课程，要求新教师在试用期内必须通过“教学职业认证（Professional Recognition of Teaching）”，以确保他们能够获得正式的教师资格。英国政府要求，自 2006 年起，新任教师必须在最初的 3～5 年的试用期内，充分利用业余时间，完成 PGCHE 课程，以获得 60 个学分。我国的大学也越来越重视教学质量问题，尤其是关注本科生教学质量。如南开大学非常重视本科教学改革，曾提出了“教学神圣”的理念，强调教学是学校全部工作的中心，是每位教师的神圣职责，并通过制度保障教学中心地位。学校积极落实“让南开最好的教授都给本科生上课”的要求，通过引进优秀教师、制定有效的激励机制，以及发扬学校大师、名师为本科生讲课的优良传统，确保优秀教师都可投入本科教学。

此外，在对教师教学进行评价过程中，有些院校在学生评价方面还采取对教师教学结果进行评价的方法。这种方法更强调对教师教学中可观察的行为指标进行评价，可以避免过于主观的评价，也比较简单、易行。但局限性在于没有充分考虑教师教学工作的特点，教师所从事的教学工作是一种专业性非常强的工作，具有复杂性的特点，与企业员工的工作性质和属性有实质性的区别，不能以简单计件的方式对待教师的教学工作。不能简单地以学生的成绩作为评价教师教学的依据。这也是为什么教育部门在中小学教育领域明令禁止将升学率与教师绩效工资挂钩。在高等教育领域，虽然不存在以升学评价教师绩效的问题，但过分强调学生评价教师教学会使得教师在教学中为了获得学生良好的评价，给学生打高分或者出现迁就学生的问题。教师绩效评价的一个基本假设是教师的教育教学活动是专业工作，因此，教师的教学工作很难测量。教师对教学所投入的时间和精力，很难在短时间内看到收效，由于教育成果在某种程度上存在滞后性的特点，教师的教学在学生身上所发挥的作用也许会在很长时间之后，乃至学生毕业多年之后才能够看到成效，因此，以量化的测量方式对教师教学绩效进行评价，不能全面体现教师的教学业绩，需要对一些类似学生成绩这样的显性指标所不能测量的因素和情况进行多方面、多维度的考察，才能真正衡量教师的教学绩效。

在教师科研绩效和水平评价中最为突出的问题是如何平衡科研的质与量的问题。在教师绩效评价实际操作中，科研评价主要是指对科研产出的评价，包括学术著作、学术论文、学术获奖情况、取得专利情况、科研项目、学术活动情况等指标。在我国的大学中，一般情况是更注重这些方面的数量的考察，在教师绩效评价标准中都明确规定教师评价或者晋升中对科研数量方面的要求，而对科研成果的质量方面的评价则没有得到相应的重视。这种注重科研成果数量的理念，已经渗透到教师科研绩效评价的方方面面。在教师绩效评价中通常采用同行评议的方式对教师科研绩效进行评价，应该说这种评价方式注重的是教师科研成果的质量，而非数量，但在实际的操作中，一般在年度评价中，由于时间和财力所限，很难采用同行评议的方式对每一位教师进行评价，更多的是在教师职称评定过程中采取同行评议的方式，对教师的代表作由校内外专家进行同行评议，但通常教师职称晋升的前提是要达到对科研成果数量的要求。这就造成了一些教师为了追求单纯的论文发表数量，而放弃耗时较长的研究项目，专注于一些短期项目和应用项目。这不仅影响了科研质量，而且使教师产生紧张、焦虑、浮躁的心态，不利于学术创新，更难以产生原创性的研究成果。

那么，到底是数量重要还是质量重要？如何看待数量与质量之间的关系？国内外一些大学的做法和尝试，为更好地平衡这两个方面提供了有益的思路。案例中的 C 大学通过“代表性成果评价机制”突出了质的重要性，而不对一些有潜质和有创新性研究成果的教师做科研成果数量方面的要求。美国芝加哥大学在终身教职评价中不仅没有对教师研究成果方面的成果数量的要求，甚至规定不能以单纯的数量的多寡作为评价的标准，发表的学术研究成果数量再多，如果质量不佳，也决不能作为聘任的依据。相反，对研究成果的质量方面则有非常严格的评价标准，规定教师的学术研究成果必须具有原创性。而且，芝加哥大学在教师聘任和评价中，将杰出的研究成果和研究能力作为最为重要的内容，明确指出在研究、教师、服务等评价领域中，研究方面的杰出能力和成果最为重要，即便聘任专门负责教学职位的教师，也要求教师具有研究方面的高质量成果和高水平的研究经历。

在教师科研绩效的评价中，要正确看待数量与质量之间的关系，在实际制定教师绩效评价制度、设计评价指标时，应该根据不同大学具体情况，不同院系和不同学科的特色，分配针对数量方面的评价和针对质量方面的评价的权重，使评价更为科学。美国教育协会认为，应该改变以教师发表文章和出版专著为手段的评价方式，采用更为多样化的评价手段。在评价中，应综合运用同行评议、定量分析、文献计量法和科学计量法等多种绩效评价方法，这有利于避免单一的方法所造成的局限性。

高校服务的理念和职能源于美国高等教育领域的“威斯康星理念”。当威斯康星大学将大学的边界拓展到州的范围时，大学的使命和责任也从知识传承与学术探究拓展为将学术探究与人类社会相联系的范畴。服务的职能赋予大学教师一种使命感和责任感，大学教师必须与广泛的社会相联系，关心大学的发展、关心社会的发展与人类进步。在中外大学教师绩效评价的维度中，都包括服务这一维度，与教学和科研并列，成为最重要的三个维度之一。芝加哥大学教师聘任规定中明确规定，教师要参与大学内部服务工作和大学之外的服务工作。大学内部的服务种类主要包括以下内容。

（1）提供医学以外的综合研究和培训。这类服务种类繁多，但必须与大学的主要研究和培训职能相关。比如物理科学领域的教师需要与工程师合作进行研究，这些教师经常会在工程学部或者工业界担任职务。

（2）健康护理和医学院的服务。医学院中临床系的教师必须从事这类服务工作，规定从事单纯临床工作但不从事研究或者教学的外科医生，在任何情况下都不能被授予教师头衔。

（3）与研究和教学职能无关的纯服务。这类服务主要指大学的医学院中的人员的临床医疗服务。从事此类服务的人员由于不参与大学的教学和科研工作，所以一般不能被聘任为大学的正式教师。

关于大学外部服务主要包括以下内容。

（1）公共服务。主要指参加联邦政府、州政府和市政府的服务，以及各类第三部门和志愿组织的服务。为了提高教师公共服务的质量，并使之与大学发展目标相适应，教师的公共服务必须经过教师晋升委员会的评价，这些活动必须是经委员会认可的具有重要的智力贡献或者重要的研究意义的活动。

（2）学术服务。包括教师属于聘任委员会指定的学术和科学学会的成员。教师在这些学会中任职分为三个等级：荣誉性服务（如担任学会的主席）、智力服务（如担任学术或科学期刊的主编）、管理服务（如担任学会的秘书）。

（3）个人服务。为私人企业提供顾问咨询。这类服务必须有助于提高提供服务的教师的科研成果，委员会才予以认可。

芝加哥大学对教师服务方面的规定，是与大学的发展战略和大学的使命密切联系的，所有教师相关的服务工作都必须围绕大学的科研和教学活动。相反，与大学的科研和教学无关的服务活动不能成为教师聘任和晋升的资本。可见，服务是教师聘任和晋升必不可少的方面，但必须是围绕大学的教学与科研活动展开的。剑桥大学对教师绩效评价包括研究／学术、教学和一般贡献（general contribution）三个维度。一般贡献相当于我们通常所说的服务，在教授、高级讲师等高级学术聘任中，都要求教师在一般贡献方面的业绩。关于一般贡献这部分主要指教学和研究之外的有效贡献。包括管理，更确切地说是管理研究组织、创建和管理多机构 / 全国 / 国际研究。也可以包括扩展项目、参与或设计校外项目、主编工作、临床工作等。我国大学中教师绩效评价维度也均包括服务，对服务范围的界定会有一些区别，比如有些院校规定服务包括学校党政兼职、学术委员会任职、辅导员或班主任等工作，参加学校学科建设工作情况，全国性或国际性学术组织成员或任职，社区服务，各类咨询顾问等。通过对大学教师服务业绩的评价，使大学教师围绕所从事的教学和科研活动，更多地关注校内外服务工作，增强自身的使命感和责任感，更好地做好教学和科研工作。

大学教师在教学、科研和服务三个方面的工作体现了现代大学在这三个方面的重要职能。在考虑三个方面的权重时，应根据大学的发展战略以及大学的实际情况，合理分配权重。美国莱斯大学作为世界一流的大学，以为学生提供一流的教学著称，也是大学最为突出的特色之一。因此，在教师绩效评价中非常注重教师教学方面的业绩。而芝加哥大学为保持自身在研究领域的卓越地位，尤其注重对教师研究方面的业绩的评价，要求教师在研究、教学和服务方面都表现出卓越的成绩。教育部原部长袁贵仁先生在 2016 年的全国教育工作会议上强调，应当积极推动教师考核评价体系的变革，以提高教学质量，并且鼓励教师以创新的方式发挥自身的潜能，以期达到教与研、教与学的共赢。只有教学、科研和社会服务各方面共同发展，才能真正促进教师的发展，促进教师队伍质量的提高。

第二节　360 度绩效考评法的适用性

360 度绩效考评法，也被称为全视角评价，是一种从多个角度对被评价者进行全面评估的方法，它可以从上级、下级、同事、客户（包括内部客户和外部客户）以及被评价者本人等多个方面，通过反馈和评估，来帮助企业改善绩效，从而提升企业的整体竞争力（图 5-2-1）。相比传统的考核方式，360 度绩效考核扩大和增加了考核对象的范围和类型，从不同层次的人员中收集信息，从多个角度对被考核者进行综合评估。这样可以充分发挥各个考核者的优势，使考核结果更加公正、全面。

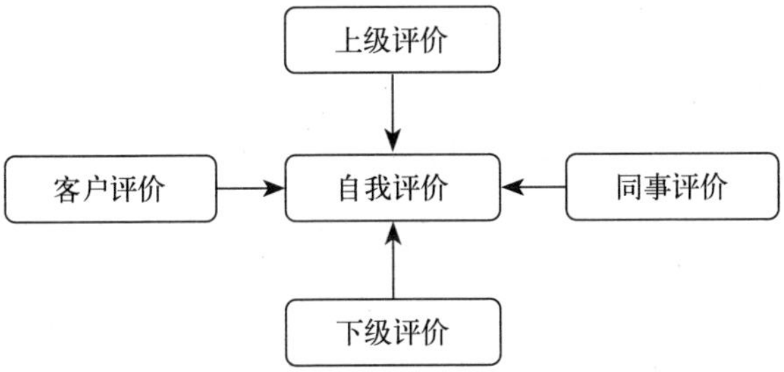

图 5-2-1　360 度绩效考评法

当前，为了更好地衡量教师的教学成果，许多专家和学者建议大学应当实施 360 度绩效考核制度，其中，参与考核的主体有：领导、同行专家、同事、学生和教师本人（图 5-2-2）。

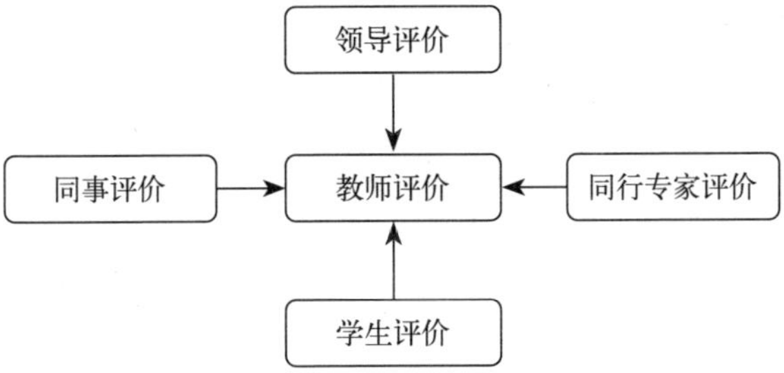

图 5-2-2　高校教师的 360 绩效考评

尽管 360 度绩效考评法被广泛认可，但实际上能够将其应用到实践中的高校却寥寥无几。据了解，一些高校在实施教学评价制度时，仍然坚持多维评价主体评价教师的教学绩效，但随着时间的推移，这些评价主体逐渐失去了作用，甚至最终退出了评价机制，比如领导评价、同事评价和教师自评，而另一些高校则坚持采用传统的评价方式，以此来衡量教师的教学绩效。因此，360 度绩效考核法的优势显而易见，具体表现在以下三个方面。

第一，它强调了评估者必须仔细审视受试者的表现，而这种审视必须基于对受试者的全面认知，从而获得最准确的结果。尽管给予那些缺乏能力去观察他们表现的人以绩效反馈，可以帮助他们更好地完成他们的任务，但这种方式并不具备实质性的意义。尤其是当大多数评估主体只能通过观察来获取短暂的信息，而不能获得完整的信息，这样就不利于他们更好地掌握和分析他们的表现。

第二，如果 360 度反馈体系只用于开发，而不考虑管理目标，那么它将表现出最佳性能。然而，如果将它用于晋升、薪酬等管理目标，那么评估者将很容易误解它提供的反馈信息。360 度绩效考核法应当只有在达到预期目标时才能使用，并且从 360 度反馈体系中获取的数据不得用于薪资分配和其他管理决策。在高校教育中，除了追求发展，我们也应该重视对教师进行奖励和处罚。因此，我们不应该把 360 度绩效评估方式简单地应用于教师的教学工作。在发展性评价中，评价者不仅要对各个维度进行评价，而且还应该提供详尽、客观、有建设性的反馈，以帮助被评价者明确自身的改善方向，从而达到最佳的评价效果。这些方法必须建立在有效的观察基础之上，只有全面了解被评估者的工作状态，才能拥有发言权。

第三，为了更好地管理，评价者必须接受培训，以便掌握区分优良和不良绩效的技能，并学会如何以一种有效的方式提供反馈。这样，才能更好地实现管理目标。企业的绩效考核通常以利润为导向，因此可以通过销售额、利润率等指标来衡量。这些指标清晰易懂，并且容易量化。然而，由于高校是事业单位，不以营利为目标，再加上教学工作的复杂性，评价往往是主观的，很难通过客观的指标来反映。这使得评估工作变得更加困难，因此必须选择那些具备能力和条件的评估机构来评估教师的教学工作。

经过深入分析，可以发现，360 绩效评价体系具有其独特的情境和特征，而高校教师的教学绩效评价也不例外，教师的教学绩效评价应该从 360 度绩效评价的理念中汲取精华，并结合教学评价的特点进行选择性应用。

第六章　中国高校教师绩效评价存在的问题

本章内容为中国高校教师绩效评价存在的问题，包括宏观、中观、微观层面的问题分析以及传统评价的工具理性与学生发展价值性之间的矛盾两部分内容。

第一节　宏观、中观、微观层面的问题分析

马斯洛需要层次理论是20世纪中期提出并在20世纪70年代引入我国的著名行为科学理论。马斯洛需要层次理论认为，人类的需要是分层次的，包括生理需要、安全需要、社交和归属需要、尊重需要和自我实现需要。其代表性理论贡献主要如下：一是认为人们的需要分为五个不同层次，人们的需要是其行为的驱动力；二是认为需要是一种不断变化的结果，人们的行为往往先受到低层次需要的影响，之后不断上升，高层次需要得以完全满足的比例较小；三是人的不同需要往往会同时存在，但是必然有一个占主导地位；四是需要被满足后将不再成为人们行动的驱动要素。

常用的考核方式中量化学术绩效得到的评价更公平，且可以有效激励被评价者。然而，量化也不可避免地具有下列问题。一是不注重质量，只重视数量。部分学者提出目前高校科研评价具有唯数量化发展趋势，大部分高校均向教师提出每年要完成的具体科研指标数量。其制定目标的目的是正确引导与激励教师科研，然而实际应用时受到评价体制的影响，使得教师以达到考核要求为目标进行科研。有学者认为，如今的评价体系的本质是数量体系，不具备科学的学术评价标准，该评价体系甚至影响我国未来科技发展。二是著作、学术论文的等级分类无法体现教师的实际水平。有的学者提到的出版社、刊物、课题级别无法体现整个科研活动量与科研成果。例如，某份刊物的总体水平高，但是无法确保所发表的所有

文章质量都很高，以刊代文的方式无法作为评价文章的结果。三是权重设置不合理。水平低、重复性高的科研成果给予的权重太高，不重视创新性科研评估指标的权重，且设置的权重较低。四是基于马斯洛需要层次理论，如今高校运用的绩效评价方式在高校教师安全需要与生理需要方面均达到要求，但是不重视其他三种需要，尤其是不注重教师实现自我价值的需要。高校教师更看重自我实现需要与尊重需要，可从这一方面入手，提升高校教师工作效率与学术创新能力。高校教师绩效评价存在的主要矛盾如下。

第一，组织绩效与学术发展之间的矛盾。

评价导向作为一项重要指标对评价结果与评价衡量具有决定性作用。高校教师学术绩效评价中时常出现评价导向偏差问题，使得评价过程流于形式，评价结果不真实。在评价高校教师学术绩效时应严格遵循积极创新、学术最高的原则，但在应用绩效评价时仅注重考量组织绩效方面，由于组织绩效直接影响本院校每年的生源、排名及名誉等，立足点的不同可能导致评价流于形式，造成学术评价缺乏指导价值。定义评价宗旨为提升组织绩效，是评价导向上偏差的表现，采用量化比较作为评价指标的标准，导致教师以提升个人绩效评价分值为目标，只注重学术量而不重视学术质量与创新性。量化评价指标还会导致以指标为核心，教师与高校过度追求量化指标，而不重视学术自身价值。某种层面上量化对比法可以起到促进作用，也可以成为高校教师学术贡献的判断，然而当前高校并未体会量化对比的核心意义，出现滥用量化、极端量化等问题。由此可见，评价方法中提升学术贡献与组织绩效间存在的矛盾，导致学校出现量化严重的问题。

评价教师的一项关键指标为评价导向，在多年以来的高校教师绩效评价实践中，一直无法有效解决的问题是如何构建一个对组织发展有利且推动教师发展的评价导向。然而如今正在实施的大学评价制度让教师怀疑是否能够合理把握评价导向。当前评价导向上的关键矛盾点体现在于评价核心为提升组织业绩效率，因此，设计的指标体系的前提条件为可量化。造成高校教师以指标为中心，追求数量，引导教师采用各种方式达到指标要求，这导致出现考核指标达到要求而学术水平停滞不前，甚至出现学术水平下降的现象。

第二，教师绩效评价的复杂性与学科多样性的矛盾。

高校教师科研绩效评价的复杂性是多方面的。首先是如何准确地测评科研投入问题。科研要投入多种资源，主要资源有实验设备、研究专项资金及研究者等，由于学科自身具有多样性，要最大限度地运用公平的准则对科学的产出进行度量，也是如今高校绩效评价迫切需要解决的问题。目前，我国部分高校采取多种方式测评科研中投入的教师成本，涉及科研成本、人力成本等，其中科研成本包括资料成本、调研成本、咨询费、差旅费、鉴定成果费用等，同时还有科研过程中固定资产维修费与折旧费等。其次是如何精准地评价科研绩效的时效性。科学研究属于极具创新性的工作之一，教师在投入大量精力的同时还要花费一定时间，针对课题研究与验收研究成果提出时间要求，所以，还要从时效性出发评价教师的科研工作。通过时效性评价，可以对教师在科研中投入的时间以及科研成果的应用、科研成果的转化等方面进行考核。最后是如何考核科研队伍。建设科研队伍可以加强人才效应，优化高校科研资源，提升高校科研能力，加快优秀人才的培养等。对比教师个人科研与团队科研，团队科研取得的研究成果由多人完成，无法明确分割每位教师的科研产出，因此，教师绩效考核评价中面临的主要难题是如何量化团队科研考核。高校教师绩效评价中普遍具有忽视文而重视理的现象，设置的评价指标过于单一化，使用相同标准评价各个学科与专业，使得取得的评价结果可信度不高。

第三，教师绩效评价的统一性与教师职业多样性的矛盾。

目前，我国执行的高校教师评价中，几乎所有高校提出的要求基本一致，高校也大多运用相同的标准来评价教师，但未将教师教授的学科、所在职位、学历、年龄及各个学校办学能力差别等因素考虑在内。因此，要结合分类指导与统一要求，针对不同高校与教师运用分类分级的考核评价模式，针对不同等级的教师制定相应考核标准。要从高校岗位出发制定对应要求，科学合理地划分教师专业技术职务等级，并制定符合该岗位要求的评价标准与岗位职责。高校应结合后勤技术人员、校内工作人员的考核体系与教师考核评价，进一步改进与完善学校内部评价体系。采用分项评价方式，合理区分新入职教师评价与已入职教师岗位评价，同时有效区分绩效评价与教师岗位晋升评价，充分表现各种类型评价的关系，保持其均衡发展。

一、宏观方面：缺乏教师教学为学生带来影响的增值评价

（一）传统评价忽视增值评价

传统评价通常以学校组织的考试为主，以此来评价学生、学校和教师的教学表现等，而忽视增值评价。很多国外学者对此提出不同意见，认为应该对传统的评价进行改革并完善。他们认为，在对学校和教师的效能进行考查时，应该关注学生在校的具体表现，关注其在一段时间内的整体进步。在对学校和教师的教育教学效果进行评价时，要关注学生学业的“增值”影响，关注其实际进步情况。正是在这种思潮的影响下，美国的桑德斯教授提出了在问责制下，通过统计方法测量、考查学生的学习，考查学区、学校及教师的效能。从传统角度采用的绝对成绩比较方法不够公平，也不够合理，应该以学生的实际进步情况为主要考查方法。这就是我们所说的教育增值评价，在对学校进行效能评价的过程中只关注学生的进步幅度。

早在 1992 年，英国就开始推行教育增值评价这一评价方法，并开始在各地选择试点，进行相关实践工作。十年后，教育增值评价模式开始全面推行。增值评价最大的作用就是能够对学校“抢”生源这一现象进行有效的遏制，对落后学校进行了有效的激励，帮助落后学校实现增值，取得良好的发展，实现学校的均衡发展和良性发展。

美国田纳西州最先将增值评价法引入教师评价工作中。之后，田纳西大学的威廉·桑德斯和罗伯特·麦克莱恩这两位统计学家一起提出了教师增值评价法，主要是通过统计、分析学生成绩等相关数据来实现。

（二）传统评价忽视教育增值评价的诊断功能

当前，有很多学者都认识到了教育增值评价的诊断功能，认可该评价的发展性和形成性。在教育增值评价中不仅要注重教育结果，更要注重教育过程，注意在过程中得到的改善。在评价过程中寻求学生的进步情况和进步幅度，了解教师的教学效果，并不是出于鉴定和选拔的目的，这样就能有效激发学生的学习兴趣和教师工作的积极性。在增值评价中，主要是进行对比，强调公平性，通过对比就能对学生的学业进步情况进行把握，并将之检测出来，而教师教学效能自然也就可以显现出来了。这些数据和结果能够引起教师的关注，进而对教学等方面进

行反思，从中寻找问题并尝试解决。从对学校的影响和作用上来看，通过增值评价能够引导学校关注学生的进步，注重教师的专业发展。更主要的是能够实现基本的教育公平，能够推进教育的发展和均衡等。所以说，将增值评价引入教师绩效评价领域的意义重大。增值评价能够弥补传统评价忽视的诊断功能及教育公平的缺陷。

在对增值评价中的数据进行分析后，可以将其引入学校管理领域。首先，可以对高校教师绩效进行相应的评价，关注学生的整体进步，如知识、素质的提升，以此来对教师的教学效果进行评价，这样就能引导教师关注所有学生，对学生能够“一碗水端平”，这在一定意义上实现了教育公平。同时，对于教师来说还能在一定程度上促进其专业发展。其次，方便制订具体的工作计划。教师在对增值数据进行分析后可以发现低绩效学生，并能够依据其具体情况找到相应的解决办法并制订相应的解决计划，帮助教师进行教学反思和总结，进而制定整体性的教学目标和发展规划。最后，学校通过增值评价还能发挥其绩效责任功能，对教师的教学成果等进行肯定和相应的奖励等。

（三）现行的高校教师绩效评价缺乏对学生的增值衡量

现行的高校教师绩效评价主体主要有领导评价、督导评价、学生评价、自我评价，评价指标主要从教师的教学纪律（是否迟到、早退、调课等）、教学活动（教学内容是否科学、教学进度是否合理等）、作业辅导（课后辅导、辅导态度、辅导效果等）、教书育人（知识技能、师生关系、后续发展等）、教学内容（信息量丰富、重难点突出、有启发等）、教学艺术（语音语调、课堂调节、教学风格等）、精神面貌等方面进行教师绩效评价。从目前我国高校教师绩效评价的体系中可以看出，评价主体只是单纯地从教师的层面评价教学，而忽视了“教”的受体——学生“学”的状况。学生在整个教学过程中参与教学活动，对于教师的教学态度、教学内容、教学组织等方面，学生的评价都最具权威性。此外，学生“学”的状况由其发展的增值数据来表示最具科学性，但是如今很多高校都是采用传统的标准以测验成绩来衡量学生的学习状况，只关注学生最终的绝对成绩，忽视学生的进步，造成了只关注个别学生的不公平教育。虽然从常规标准化测试中可以获得一些重要的信息，但是简单地对学生进行比较，势必会在发扬和测试学生优异性方面有所限制。

二、中观方面：忽视学生增值的外适性评价和个适性评价的结合

高校教师绩效评价衡量教学对学生发展的影响往往只是从外部，即从教育培养目标、学校教育理念、家长期待、劳动力市场需求等方面衡量教学给学生带来的发展进步，而忽视了学生自身发展需求的进步，即缺乏对学生的个适性评价。

（一）高校教师绩效评价只注重对学生的外适性评价

这里所说的外适性，主要是指施教者（教师）在一段时期内对受教者（学生）进行的知识和价值观念等的传达和灌输，促使其实现增值发展。外适性教育方法能够保证教育内容的系统性和完整性，有计划、有目的地进行施教，这是其最大的优点。而对于学生来说，外适性教育方法能够让其接受相对系统和相对完整的教育。此外，外适性教育方法能够让学生在一段时间内实现理论和知识的掌握，进而实现培养目标。最后，对于学生来说，其受到的考评方式是统一的和大众化的，容易掌握其接受教育的实际情况。

如今，在高校中外适性评价主要是针对教师教学效果而采取的一种评价和鉴定。如果用统一的评价标准来评价全部学生的话，在对学生进行教育的过程中，只关注学生发展的过程，就容易忽视学生的个体差异性和自主性，而不能因材施教。此外，在对学生进行外适性评价过程中，只强调学生知识的掌握，而忽视其心理变化和感受，会影响学生对教师的理解和认同，学生的个性品质较难形成。

（二）高校教师绩效评价应该对学生进行个适性评价

这里所说的个适性，主要是指施教者（教师）对受教者（学生）的充分了解，掌握其具体情况和各自的学习期望，不同的学习要求和目标，充分了解学生的心理以及内外环境因素等，能够在此基础上对学生因材施教和因势利导，通过一系列方法来促使学生形成良好的个性品质等。

个适性评价能够帮助教师充分了解学生的心理变化和需求等，能够针对不同的学生制定适合其发展的施教方案，实现对学生的引导、影响，这是其最大的优点。同时，个适性评价的缺点也很突出，针对学生的教育内容不够系统和完整，短期内较难收获良好的教学效果，教学效果的全面性和整体性也较难实现。

综上所述，外适性评价与个适性评价都有利有弊，应该相互结合、取长补短，用更全面的评价方法来衡量学生知识、能力、素质的发展增值，从而明确教师的

教学效果和教学价值，以此对教师的教学水平作出进一步的判断，从而使高校教师的职位评定、薪酬变化、人事任用等有据可依。

三、微观方面：缺乏对学生知识、能力和素质增值的评价

如上所述，学生增值评价法是教育教学活动使学生获得的价值，作为教师绩效评价的标准，来判定教师对于学生学业发展的影响。也就是说，需通过评价学生的发展来检验教师的教学水平。但是目前我国高校对学生学业成就评价的三种主要方法却不符合学生增值评价法的内含，缺乏对学生知识、能力、素质发展三方面有效的增值评价。

（一）缺乏对学生知识发展的增值评价

目前，我国高校以综合测评为主的学生评价方法是一种定量分析的方法。综合测评内容中包含对思想品德、政治态度的主观性考查和对学业成绩的客观性测试，但是综合测评评价标准的创新性却不足，表现在：在智育评价中，以测验分数为主的传统评价形式一直没有改变，成绩始终是区分学生的主要依据。但实际上，学生分数的高低并不能代表其智力发展的快慢、学习能力的强弱、知识掌握的多少。将课本内的知识作为测验的主要依据，并不能进一步扩大学生的视野范围、拓展学生的学习思路。

以学业成就为主的学生评价的主要手段是教师实施标准化测验和自编测验。学业成就评价是依据一定标准对学生学业表现加以价值判断的过程。它不仅是对学生学业成果的检验，更是对教师教学效果的衡量。依据评价，可以发现学生的学习缺陷，找到教师教学中的不足。判断学生学业成果的质量标准包括效度、信度、难易度、区分度等。学生学业成就评价有对学生知识掌握的广度、深度和使用熟练度以及知识结构的完整度的整体考查，但是学生知识掌握程度的考查缺乏科学性，在我国众多高等院校中，只有少数公共课，如外语、政治、大学语文等有全国或全校统考，而其他绝大部分科目均是由授课教师自由命题。许多高校的科目并没有统一的课程大纲和专业化的试卷评估体系，所以导致了大部分测试难以达到标准化的要求。同时，教师在自编测验上也未受过专门的指导和培训，致使教师命题的主观随意性过大，不能保证自编测验试卷的信度、效度、难易度和

区分度等质量要求，不能有效衡量学生知识的掌握程度。此外，学业成就评价还影响学生全面性知识的获取，统考学科，如外语、计算机等，关系到学生能否顺利毕业、能否顺利找到工作，因此，统考学科的成绩被认为是事关利害的学业成就评价指标，学生个人和学校都高度重视，甚至投入了过量的时间和精力，以至于影响专业课知识的日常获取，更缺乏对学生知识发展增值的评价。

总结性评价虽然简单易行，但它的局限性也非常明显。由于这种评价方式主要依赖于期末的一次性考试，因此它往往无法全面地反映学生在整个学期中的学习进步和知识掌握情况。尤其是对于那些需要长期积累和实践的技能和知识，总结性评价往往无法做出准确的评估。此外，总结性评价也可能导致学生过于依赖考前的“突击”学习，而忽视了日常的学习和积累。这种情况下，学生可能只是为了应对考试，而不是真正地理解和掌握知识。这样的学习方式往往会导致学生在考试之后很快就忘记了所学的知识，这显然是不利于他们的长期发展的。

（二）缺乏对学生能力发展的增值评价

以综合测评为主的学生评价方法包括对学生学习能力、教师科研能力的评价，但是评价方式依然缺乏创新性。在能力评价中，衡量的主要标准是学生参与社会实践、社团活动的次数及其成果，这显然已偏离了能力教育的原有意义，学生的能力没有得到有效的评价。学业成就评价包括对学生书面或口头的语言组织能力、表达能力、逻辑性等的评价，对于高校管理者而言，学生的学业成就评价工作除了基本的管理功能，还衍生出对教育教学水平的评估、诊断、反馈、改进、激励等多项功能。但在具体的实施过程中，高校却只强调其管理功能，只依据测试成绩判断学生的学习质量，对学生进行分类选拔，缺乏通过学生能力发展增值对教师教学情况进行评价。总结性评价更符合高校“重科研、轻教学”的激励政策，但这种评价方式的局限性也非常明显。由于缺乏及时的反馈，教师无法在教育活动进行中做出适时的价值判断，也无法及时调整教学策略以满足学生的学习需求。同时，学生的学习进步和能力提升也无法通过总结性评价得到充分的体现。此外，总结性评价往往过于注重学生的知识掌握程度，而忽视了学生的思维能力、创新能力和实践能力的培养。这种评价方式可能会导致学生过于依赖记忆，而忽视了理解和应用知识的重要性。

（三）缺乏对学生素质发展的增值评价

综合测评法包括对身体素质、体育素质表现等的检验，能够比较全面地评价学生的德、智、体的综合发展情况。但是在实践中，综合测评法对学生素质的综合考评往往较注重评价内容的全面性，忽视了层次性的问题。实际上，不同年级、不同专业的学生，阶段培养目标并不相同。比如，学业方面，高校一二年级是学生的基础知识积累阶段。对学生学习的评价应侧重通识教育效果的考查，应适当增加课程成绩的测评权重。而三年级后，学生进入专业知识的学习和实践阶段，此时的评价应侧重学生创新素质、科研素养、实践常识等方面的考查。而且，不同专业应该依据各自的专业特点、人才培养方向等，在学生评价体系中建立个性化的评价指标。以学业成就为主的学生评价更是将评价的重点放在教师实施的标准化测验和自编测验上，其主要通过成绩来衡量学生知识方面的增值，评价体系没有对学生能力、素质进行考查。

总结性评价则是“一考定终身”，这种方式既减轻了教师的测验负担，也减轻了学生的测试压力。然而，这种只为了考试而考试的方式，其实并没有真正达到教育的目的。因为从评价目的来看，它并没有对学生的素质增值方面进行评价。这种评价方式过于注重考试成绩，而忽视了学生的全面发展。它可能会导致学生过于依赖考试，而忽视了日常的学习和知识的积累。这样的学习方式往往会导致学生在考试之后很快就忘记了所学的知识，这显然是不利于他们的长期发展的。

因此，我们需要寻找一种更全面、更有效的评价方式，以便更准确地了解和指导学生的学习。例如，我们可以考虑引入形成性评价，通过持续的观察和反馈，帮助学生了解自己的学习进度，调整学习策略，从而实现更有效的学习。同时，我们也可以通过项目式学习、小组讨论等方式，让学生在实践中学习和应用知识，从而更好地培养他们的实践能力和创新能力。这样，我们不仅可以评估学生的知识掌握情况，还可以评估他们的技能发展和个人成长，从而更全面地了解和指导他们的学习。这样的评价方式可能会更符合教育的本质，也更有利于学生的全面发展。

第二节 传统评价的工具理性与学生发展价值性之间的矛盾

荀振芳通过研究提出，“高校教师绩效评价应该具有工具理性，同时也要在评价的过程中关注人们的需要以及价值追求等，要有评价的价值性，如正当性、妥当性等”。[①] 从一定角度来看，实施的高校教师绩效评价都是主体性的，是为了追求科学性、实现客观性的工作。为了实现评价活动的真实性信度，需要注意在评价的过程中要依据教育现象，注重其指标体系的设计，选择合适的评价方法等，而评价主体也需要注重教育事实等，这些都是评价活动中的主要因素。这里的评价目的是教育，在此基础上去追求客观化，这样才能去追求合理性。当前，在高校的评价中还存在这种本末倒置的问题，并且是比较普遍的。其中，传统评价的工具理性和学生发展价值性的既成矛盾主要表现在以下两个方面。

一、传统评价制度僵化与学生创新发展之间的矛盾

当前高校主要是通过监督控制来进行教学水平评价。学校的教学职能管理部门在开展工作的过程中，过分强调教学纪律方面的检查，通过条条框框去监督师生、约束师生，这种传统的教学水平评价“计划性”色彩较浓，对教学主客体的约束和控制较强，对课堂教学内容的延伸和扩展有直接性的影响，同时也不利于引导教师进行教学方法和教学手段的创新，而相应的学生学习的有效性不易实现，学生的创新意识和个性会受到影响，最终造成课堂教学活动只是围绕教学目标来进行，没有活力和效率，这样对评价体系的持续改进有较为明显的限制。高校只是从形式和表面上对教师教学进行评价，而相应的结果信息也不能进行双向反馈，阻隔了考核同教育管理中各个环节等的联系。这样的结果就使得教师评价工作的价值性被削弱了，进而使得学生发展的价值性也被削弱了。

二、传统评价标准单一与学生个性化发展之间的矛盾

当前，在高校的教师评价中，过多强调课本知识的掌握和理解，对学生主体的创新精神和实践能力以及心理、态度等的关注不够，造成了学生综合素质不高，

---

① 荀振芳．大学评价的价值反思[D]．武汉：华中科技大学，2005.

教育的主客体需求不能得到满足。同时，评价过程中过分强调共性而忽视个体差异的评价标准使得学生的个性化发展受到极大限制。评价主体也不能实现多元化，评价模式缺少较多主体的共同参与和支持，不能实现和发挥有效的交互作用，而被评价者作为评价对象也处于消极的地位，不能实现自我评价的价值。这样就容易造成评价结果不能得到评价活动双方的广泛认可和认同，自然就不能对评价结果进行相应的反思和改进，评价功能性和效益不能实现，自然也不能实现学生发展的价值性。

高校评价活动的宗旨是注重高校教师评价的根本需要和现实需要，在追求和实现评价客观性时，需要注重教育妥当性，也就是要考虑与教育活动的目标以及未来社会模式的适合性。在此基础上，也要注重对教育现状本身进行改善，包括课程的改善以及学校管理的完善和教育体制的改善等，实现目标和妥当性、适合性的有效联系以及学生发展的价值性。此外，教育评价的有效性决定了评价的价值实现，决定了具体方案的顺利进行，进而对评价的问题进行相应的解决，完成评价活动的目标。这里所说的“有效性”包括教育评价活动的效率和效益，是一种效能的综合体现。或是说，以最小的付出和代价来获取教育评价活动结果价值和效能的最大化，也就是学生发展价值性的最大化。

高校评价就其行为实质来说，是一种价值行为。通过高校教师的评价，加强对高校教学工作的质量监控和管理，提高人才培养质量，满足教育活动中社会利益需要和个人利益需要是其根本目的。学生价值增值评价法通过对一定时段内某一学生或某一学生群体成长进步的幅度，包括学习水平、智力水平、情商水平、实践能力、办事能力等各个方面的评价来判断这一段时间内的总体学校教育水平和教师教学能力。如果学校教育水平和教师教学能力起到的是正面的、积极的作用，那么学生的价值就是增加的、向上的，产生增值；反之，如果学校教育水平和教师教学能力属于负面的、消极的，则学生的价值就会缩减、退步，产生负值。由于这种价值评价法能够有效满足传统评价工具理性和学生发展价值性的要求，因此已经越来越得到人们的认同。

第七章 高校教师绩效评价的优化对策

本章主要围绕高校教师绩效评价的优化对策展开，具体为重视绩效评价的目的、落实教学绩效评价新模式、提高学生评教的价值以及发挥教学绩效评价的双重作用。

第一节 重视绩效评价的目的

明确教学评价目的是实施教学评价活动的基础，评价目的贯穿于评价活动的始终，决定评价活动如何开展，采用什么方式开展，要达到什么效果等一系列内容。所以作为高校的领导层，在开展教学评价活动之前，一定要非常明确教学评价的目的。目前各高校在开展教学评价活动时基本都是围绕奖惩性评价目的进行的，都是对教师的教学进行排名，奖励优秀的教师，但是对于发展性评价目的意识的强化却比较淡薄，绝大多数教师反映学校并没有向他们反馈教学评价的具体问题，也没有提供有针对性的培训，导致教师并没有通过教学评价提升教学质量，形成了奖惩性评价目的独当一面的格局。

本书通过讨论分析得到，我国目前适用于奖惩性评价目的和发展性评价目的兼顾使用的方式，而且通过调查分析发现，对于教师来说，他们更看重发展性评价目的，所以高校应该满足教师希望提高自身教学水平的需求，树立以发展性评价目的为主，奖惩性评价目的为辅的理念，做好二者的协调工作。教学评价面向的应该是全体教师，而奖惩性评价最终只能涉及小部分教师群体，并且使教师只关注结果，急功近利，而不关心自身的发展和提高，不利于教学评价的长期发展。目前各高校对于发展性评价目的的忽视，主要将发展性评价目的作为主导目的的理念差距还比较大，这就更需要高校认清评价目的的重要性，集中力量扭转目前评价目的失衡的局面，按照以发展性评价目的为主，奖惩性评价目的为辅的理念开展教学评价工作。

目前高校开展教学评价活动时，仍然实施着奖惩性评价目的方式，如评“先进教育工作者”“优秀教师”“学评教先进个人”“职称评定”等。应该肯定，这种奖惩性评价目的通过表彰先进，惩治落后，可以达到激励工作积极性、提升工作效率、维护学校正常的管理秩序、保证组织目标的实现等效果。这种奖惩虽然对教师提高教学质量没有直接的影响，但客观上也推动着教师的发展。因此，学校可以利用奖惩性评价目的的激励作用，在实施发展性教师评价目的时，尽可能淡化这些奖励的象征意义，而更多地关注教师的专业发展，并把奖惩的矛头指向发展，如设置“最佳发展奖”“单项发展奖”“达标奖”等发展性奖项，只要教师比其原有水平有了明显提高，就给予奖励。

美国高校的教学评价工作处在世界的领先地位，很多国家都效仿其做法。从当前来看，美国高校的教学评价基本上都很注重评价的发展性作用，把终结性评价建立在发展性教师教学评价的基础上，既注重对教师教学绩效的鉴定，又强调对教师教学过程的评价。评价的首要目的在于发现教师教学过程中的问题，并对这些问题提出改进意见，把评价的结果和意见及时反馈给教师，进而提高教师的教学能力和水平。只有在教师反复多次改进教学仍然无法达到规定的教学绩效要求时，才对其做出终结性定论。

对于我国高校来说，作为学校领导，应当明确认识到教学评价不是为了考核教师而采用的一种强制性手段，其目的和作用不仅是简单地对教师进行排名，进行奖惩，而更重要的是为了及时了解教学中的问题，通过提供有针对性的培训，提高教师的教学质量，进而提升学校整体的教学水平。此外，学校也要让教师明确教学评价的目的，使他们认识到教学评价的最重要意图是为了诊断和改进。让教师明白，虽然他们是受评者，但同时也是受益者，因为他们可以根据教学评价的结果有针对性地改进自己的教学，提升自身的教学水平。

大学教师是培养人才的人才，是科学知识的创造者、先进文化的传播者、人类文明的传承者。随着高等教育历史性的跨越发展，高校教师队伍为社会主义现代化建设作出了突出贡献，显著提升了国民受高等教育程度和创新人才培养水平，有力提高了国家自主创新能力，为经济社会发展重大决策较好地发挥了“思想库”和“智囊团”的作用，积极促进了“三支队伍、两类人才”能力建设，已经成为我国基础研究的主力军、国家科技创新和繁荣哲学社会科学的重要力量、科技成果转化及产业化的生力军。伴随高等教育的快速发展，高校教师队伍规模稳步增长。提高自主创新能力，建设创新型国家，迫切需要加快建设国家创新体系，抓紧培养造就一批世界一流科学家和科技领军人才。高等学校是国家创新体系的重要组成部分，是集聚科技领军人才的战略高地，是培养造就创新人才的摇篮，是知识创新的主要策源地和技术创新的重要力量。面对建设创新型国家的紧迫需要，加快推进工业化、信息化、城镇化、市场化、国际化，走中国特色自主创新道路，借鉴发达国家的成功经验，必须进一步高度重视并切实加强高校人才队伍建设，充分发挥高校学科齐全、跨学科交叉融合、教学科研紧密结合、国际学术交流广泛的优势，促进高校特别是一批高水平大学进一步成为国家创新体系的重要组成部分，成为国家发挥科技领军人才作用、吸纳海外优秀留学人才和国际杰出人才的主要基地，成为培养和储备战略型人才的“蓄水池”，为建设创新型国家提供强有力的人才支持、科技支撑和知识贡献。当今时代，文化越来越成为一个民族凝聚力和创造力的重要源泉，越来越成为国家综合实力竞争的重要因素。哲学社会科学人才的研究水平是综合国力和文化软实力的重要体现。从蔡元培先生提出“学术自由、兼容并包”的大学办学思想开始，高校就一直成为孕育新思想、新学术、新文化的摇篮，是文化传承发展的重要基地，在社会文化建设中发挥着既服务文化建设，又引领文化发展的独特作用。

然而遗憾的是，经过多年的发展，中国高校战略科学家与学术大师相对匮乏，在国际上具有重要学术影响力的学科领军人才和拔尖创新人才明显不足的问题依然十分突出。能够承担重大科技攻关任务、取得标志性科技成果的高水平创新团队较少。高校科研论文影响力低于世界平均水平，论文被引用率排世界前列的研究人员数量极少，到目前还没有获得诺贝尔奖、鲁斯卡奖、加德纳奖、伍尔夫奖、菲尔兹数学奖和图灵奖等国际性科学奖的学者。存在这一问题的主要原因有许多方面，如国家缺乏吸引、稳定拔尖创新人才的特殊政策措施，待遇缺乏国际竞争力；培养造就高层次人才和支撑他们充分发挥作用的科研创新平台建设滞后，高校缺少持续稳定的科研事业经费投入；缺乏支持高校优秀人才参与国际高水平学术交流活动和扩大学术影响力的有效措施；人才组织模式和科研创新环境还不能完全适应高层次人才成长的需要；现行的科研体制和科研经费使用对青年学术骨干的支持还不够等。但有一个很重要的方面，就是对于人才的评价机制不科学、不完善，评价导向不鲜明，不能完全描述高校教师的工作特征、全面评价教师个体，使教师缺乏自主发展的动力。评价的方式导致教师更侧重对量的追求而忽视对质的提高，产生学术浮躁，成为我国大学中学术大师级人物匮乏、拔尖创新人才严重不足的重要原因之一。因此，建立基于教师自主发展的教师绩效评价模式，对于克服上述问题，不断提高评价的水平与质量，从而更好地为产生高层次人才创造更为优良的学术政策环境，是大学发展的要求，也是教师自主发展的要求，其应用前景是广泛的和有吸引力的。

第二节　落实教学绩效评价新模式

目前，各高校对于实施教学评价时所采取的评价模式比较混乱，各自为政，没有统一的说法和做法，而且也存在一些漏洞容易让人对其产生怀疑。我们提出了高校教学评价的新模式，对于高校的领导层来说，要想贯彻落实好新模式，主要有三个关键点需要重新定位。

第一，评价主体的选择要基于评价目的。

各高校对于评价主体的选择一直没有科学合理的做法，单一的评价主体模式不可靠，多维的评价主体模式操作起来又有一定的难度，究竟应该由谁来评价教师的教学成了高校面临的一大难题。其实问题的根源就在于没有将评价目的考虑进来，没有明确教学评价的目的。各评价主体的特点、优势、局限性各有所不同，能够帮助教学评价达到不同的目的，而有针对性地将评价目的和评价主体的选择结合起来，才能更好地开展教学评价活动。当基于奖惩性评价目的时，学生和专家两个主体的评价足以证明教师的教学情况，再加上领导最后的大把关，可以较好地对教师的教学有一个总排名；当基于发展性评价目的时，教师自身是主要的评价主体，再加上学生和专家的辅助评价，可以较为全面且清晰地找出教师教学中存在的问题，帮助教师改进其教学。

第二，充分发挥各评价主体的作用。

由于评价主体是基于评价目的的不同而进行选择的，所以各评价主体发挥的作用也应有所不同。由于学生评价和专家评价既用于奖惩性评价目的，也用于发展性评价目的，所以学生评价和专家评价除了需要定量评价，也需要定性评价，除了要给教师的教学质量进行打分，还要指出教师教学中存在的问题，帮助教师提高教学质量。具体的做法可以是，学生和专家都对各自评教的量表进行打分，除了对一些规定项目进行评分，还可以开放性地写一些问题和建议。另外，对于学生，可以召开小型的座谈会，让学生畅所欲言地谈对教师教学的感受，但在座谈会上应有相应的专家、教务教师在场，一方面可以判断学生的哪些意见是积极合理的，另一方面可以将学生的合理化建议反馈给教师。对于专家，可以采取一对一的面谈方式，或小型座谈会的方式对教师的教学提出建议。

由于领导评价的结果只是作为参考性建议，所以不用进行定量的打分，只是定性地提供意见即可。另外，关于教师自评，一方面，教师可以通过自己教学过程中的体会不断地修正教学中出现的问题；另一方面，也可以通过让教师观看自己的教学录像来发现自身存在的不足，改进教学水平。

第三，教学绩效评价应该评价教学的全过程。

一直以来，各高校对于教师教学的评价都是关注于教师的课堂教学质量的评价，忽视了教师课前的准备和课后的安排。其实，教学评价不仅要评价课堂教学，也应当将课前的准备和课后的安排一并重视起来。高校应该重新界定教学评价的内容，特别是在针对奖惩性评价目的时，要考虑到专家和学生各自的特点，发挥二者的专长和优势，学生以评价课堂教学为主，专家以评价课前准备和课后安排为主，二者的结合则是对教师教学绩效的最终评价。这样做不但可以避免上述的两个问题，而且可以使评价更加科学合理。对于教学评价的新模式，不仅需要学校扭转原有的观念，同时也要让教师和学生对教学评价有新的认识。

第三节　提高学生评教的价值

一、完善学生评教制度

通过调查发现，有一小部分学生评教态度不认真，而这部分学生之所以不认真评教，很大程度上是因为评教制度有缺陷，比如，评教缺乏宣传反馈机制、学生评教的时间不够合理等原因。不认真的评教态度必然带来不可靠的评教结果，所以要提高学生评教的可靠性，首先要完善学生评教的制度。

第一，做好宣传反馈工作。

虽然学校在开展学生评教工作之前也对学生做宣传动员，但通常这种动员都没有落到实处。宣传的结果是学生知道要评教，但是却不了解评教的真正意义和作用，导致评教具有随意性。宣传动员的目的是激发学生的参与动机，端正学生的参评态度。首先，让学生清楚地认识到学生评教的目的、作用和意义。让学生了解评教与教师和自己都有很重要的关系，评教结果不但应用于教师的绩效考核，而且能够帮助教师指出其教学中存在的问题，助其改进教学，让学生享受到高质量的课堂教学。只有当学生认为自己的评教有意义、有作用、有价值的时候，他们才会更加重视评教工作，评教态度才更认真。其次，强化学生的主人翁意识，要让学生认识到评教是他们的权利和义务，既要对自己负责，也要对教师负责，因为认真评教的最终受益者是学生自己。最后，要消除学生的顾虑，学生网上评教要通过自己的账号登录才能进入评教系统，所以很多学生担心评教不是匿名的，如果给教师打低分会影响日后的师生关系。学校应当向学生明确评教的方式，打消学生的顾虑，让学生放心、认真地评教。

评教没有反馈是学生对评教最失望的地方。学生希望自己能够参与评教，更希望自己的评教是有意义、有价值的，他们希望自己的评教不仅可以帮助教师提升教学质量，也可以为自己争取到高质量的课堂教学。评教没有反馈，是目前高校实施学生评教活动出现的较为严重的问题之一。学校不仅要向教师反馈评教结果，也应该向学生反馈评教结果。这样做一方面可以让学生觉得自己对教师是有帮助的，参与评教是有意义的；另一方面评教结果的公布也可以作为学生下一学期选课的依据。如果任何反馈都没有，会挫伤学生评教的积极性，形成一种恶性循环。因此，学校要将评教工作做到实处，要加强评教的反馈环节，切实发挥评教的作用。

第二，修正评教量表。

学生评教能否收到预期的效果，评教量表的设计至为关键。通过调查了解到，目前高校的学生评教量表主要存在两大问题：一是评教指标的数量。有些高校评教指标的数量过于繁多，要学生对每一个任课教师的几十项条目逐条思考打分，显然不适合学生的年龄和心理特点，使学生没办法认真、耐心地完成这一系列工作。另外有些高校为了减少指标数量，只有一级指标，而没有对其进行细分，每个指标里都包含不止一层含义，当几层含义的结果不一致时就会扰乱学生的评价。二是评教指标的内容。有些高校设置的评教内容超出了学生的评价能力范围，让学生在评教时无所适从。无论是指标的数量还是指标的内容，如果设计不合理，都会影响到学生评教的结果，降低评教结果的可靠性。

教学评价要考虑学生的能力和特点，学生并不是某一学术领域的专家。所以在设计指标时，指标数量不宜过多，十个左右即可，并且指标的内容要选取那些既能反映课堂教学质量，又是学生可以直接观察和感知，有能力评价的项目。

此外，评价量表并不是一经制定，就一成不变了。例如，美国高校重视对人才实践能力和创造性的培养，人才培养方式灵活、自由，注重课堂讨论和竞争，给学生充分发展个性的空间。其评价量表尤其重视学生在学习过程中的表现与成就，这是美国高校教学质量评价的新趋势。教学评价已不再是传统意义上的单纯地检查教师的教学行为，“以学评教”已经成为当今美国大学教学评价的主导理念。而我国一向重视对学生考试能力的培养，使学生缺乏足够的创新性和灵活性，导致在教学评价中学生的主体地位没能确立起来。所以，我国高校学生评教量表也应与时俱进，不断改进修正，突出学生在教学过程中的主体地位，多让学生评价一些个人体会较深的学习感受。

第三，选择适当的评教时间。

评教时机选择得恰当与否，会直接影响学生评教的可靠程度。通过调查了解到，现今高校的学生评教几乎都安排在学期末考试之后，学生分数出来之前。由于时间安排在学生查分、选课之前，导致学生认为评教是一种强制手段，对评教有一些抵触情绪。而且由于急于查分，学生往往没有耐心经过思考再评价，导致一些学生对教师的评价比较随意。学生评教的时间可以放在期末考试之后，但是学校应该为学生营造一种宽松、和谐的评教氛围，给学生充足的时间认真思考，而不是粗略地、随意地填写评教表，这对确保学生评教结果的可靠性非常重要。

此外，通过访谈了解到，一些高校为了避免学生评教和查分、选课之间的冲突，前移评教的时间，放在了期中考试之后不久。但这样做也有一个问题，评教的时间过早，不能代表教师一学期的表现。所以，高校可以另外开展期中教学评价，这样做的好处是不仅可以使教师及时发现自己教学中存在的不足，有针对性地改进教学，提高教学水平，也可以使学生因教师教学的改进而受益。但是对教师总体教学水平的评价还是放在期末更为合适，期末评价必不可少。

二、正确认识和使用评教结果

学生评教受到一些非教学因素的干扰，如学生的成绩、课程的热门程度以及课堂教学条件等，这些因素不易排除，使得学生评教的可靠性并不能达到 100%。作为高校的管理者，既要承认学生评教的重要作用，也要正确认识和使用评教的结果，不可一味地以学生评教的结果作为评判一个教师教学是否优秀的标准。

对于非教学因素的影响，一方面，可以让教师在其教学中给予考虑；另一方面可以尽量减少某些因素对于课堂教学质量的负面影响作用，从而提高学生评教的可靠性。例如，对于学生的成绩来说，教师如果希望根据学生的评估意见改进自己的教学，不仅要考虑全班的平均评估分数，还应研究班内不同类别学生如成绩好和成绩差的学生的意见，通过对比不同类别学生的意见，教师会发现全班的平均评估分数会忽略了某一部分学生的评估意见。如果发现这种情况，则应在教学方法或课程设计方面进行某些调整。对于课堂教学条件来说，高校要努力营造一种良好的课堂教学条件，如教室大小适合学生人数，教室不受外界环境的干扰，多媒体设备不会频繁出现问题等，良好的教学条件有利于学生的听课效果，不会使学生因受到不良教学条件的影响而错误地判断教师的课堂教学质量。对于课程的热门程度，学生认为有两层含义，一是平时考勤轻松，最后考试简单的课程；二是学生比较感兴趣的课程。针对第一种情况，应该检查教师给学生打分的成绩分布情况，将此作为一种预防措施。应特别注意将学生一门课的成绩与其他课的平均成绩进行比较。此外，可以通过专家评教结果的反馈，让教师严格考勤制度，设计难度适宜的考试等方式进行调整，降低其对学生评教的影响，提高评教结果的可靠性。而对于第二种情况，可以根据课程兴趣对评教结果的影响程度，考虑评价结果考虑问题。

另外，当把学生的评估用于考虑教师的长期聘任、晋升或工资时，要特别注意：对每门课程要有足够数量和代表性的学生参与，而且要考虑该教师所教的多门课程（也许要 5～6 门），这样才能对教师的教学效果有可靠的判断基础。与仅有一门或两门课程的评估相比，一组不同班级的评估能更公正地显示出教师的教学效果；它也能显示出教师水平的倾向。

三、选择抽样的方式进行评教

关于抽样有两层含义：一是针对网上大规模的评教进行抽样。目前各高校都是采取让全体学生在学期末对本学期每个教过自己课的教师进行评价。如果学生每学期对每门课都要填写评估表，在较短的时间对每个教师的每个项目进行评价，工作量之大会使得学生没有耐心，评教结果不够科学。麦金太尔建议，学校应该设计一种适合本校的抽样方法，并经常把应当进行评估的课程和教师全部包括在内。学校可以采取一定的抽样方法，让一个班的部分学生对这个班的某一门授课教师进行评价，不同的授课教师抽取的学生不同；或者每个学生不用评价本学期授课的所有教师，而是评价部分教师。不管从学生角度考虑，还是从教师角度考虑，抽样既可以减轻学生的负担，又让他们多了一份责任感，因为他们的意见要具有代表性，这会让他们在评教的时候更加认真。

二是抽取一部分学生召开小型座谈会，这种方式主要用于发展性评价目的。通过抽取部分学生召开座谈会，让学生有机会可以畅所欲言地对教师的教学进行评价，而不只是通过分数。这样做的好处是学生的意见更加真实、具体，这不仅让学生指出教学质量不理想教师的问题，也可以让学生说明他们心目中优秀教师的标准，这样既可以帮助教师提升教学质量，又能树立优秀教师的典型。

第四节　发挥教学绩效评价的双重作用

一、重视发展性评价目的

通过分析可知，要想实现教学评价的发展性目的，非常重要的一点就是要提升教师的教学能力，而教学能力的提升可以通过评价问题的反馈以及有针对性的培训来完成。通过调查发现，目前高校教学评价的反馈机制以及培训机制都比较薄弱。反馈和培训没有做到位，自然就会影响发展性评价作用的发挥。要想达成发展性评价目的，须努力做到以下两点。

第一，形成良好的反馈机制。让教师了解评教的结果，是为了能让教师更好地了解到学生的需求以及自身在教学中出现的问题，更好地帮助自己明确今后的努力方向，切实地改进、提高教学质量。如在美国高校中，有许多高校有专门的机构为所有的教师提供服务，该机构都会根据教师提出的提升自身教学水平的需求，组织人员对教师的教学进行评价，这种评价的首要目的在于发现教师教学过程中的问题所在，将评价的结果和意见反馈给教师，以提高教师的教学水平和能力。同时，他们会做出一份详细的有关评价结果的报告，通过和教师的面谈，反馈给教师一些详细情况，如学生对教师的教学感受，教师的教学方法是否适当，对教师的授课内容能否听懂，教师存在哪些问题等。这些信息对教师改进教学非常有帮助，能够让教师针对自己教学中的问题，对症下药，起到事半功倍的效果。

而目前我国高校往往是虽有评教结果的反馈机制，但是学校和院系教务部门向教师反馈的评教信息过于粗糙，对学生评教的结果仅仅以分数或等级形式反馈给任课教师，使教师不知所措，从这些简单、孤立的数据中他们很难读到具体、清晰的东西，更谈不上如何整改。诚然，反馈一定要注意内容，在反馈意见中，应尽可能具体地反映学生或专家对教师教学情况的评价，有针对性地指出教师在教学中出现的问题，为教师指明今后努力、发展的方向。森特拉曾提出，只有当教师理解评估结果时，学生的评估才能引起教学上的变化。他通过对五所不同类型学校的四百多名教师进行了实验研究，最终得出结论：如果有足够的资料帮助教师解释学生的评分，将会有更多的教师改变教学。这些变化最明显地表现在备课、利用课堂时间、课上总结要点和讨论、接受其他观点和对学生的文章或考试给出评语等方面。本次调查结果也显示，有近九成的教师最希望学校反馈自己在教学过程中存在的问题，其次才是排名。这也为高校今后反馈教学评价结果的做法指明了方向。

此外，反馈还要注意方式方法，要尽可能反映教学评价中教师的闪光点，增强教师的责任感和自豪感。对教师在教学过程中出现的问题，宜采取个别方式直接反馈给教师本人，以免挫伤教师的自尊心。对评价优秀的教师，应进行表彰，树立模范，让教师之间交流心得，形成重视教学质量的良好氛围，有效提高学校整体的教学水平。

第二，建立有效的培训机制。即便做好了教学评价的反馈工作，让教师了解了自己在教学中存在什么问题，如果没有相应的培训帮助教师改进问题，同样也不利于教学质量的提升。为更好地发挥教学评价的发展性作用，美国许多大学都成立了“教学支持中心”，制定出《教学评价指南》，规定详细的评价内容和标准，指导教师对自己的教学实践进行检查，作出全面、客观的自我评价。例如，纽约州立大学（State University of New York）的教学支持中心在教师有需要的时候，会帮助来访教师分析各方面的教学评价信息，促进教师全面、深入、细致地检查自身存在的问题，不断提升教学质量和水平，从而取得更好的教学效果。有时，机构也会将评价信息提交给系主任，使系主任知道教师哪些方面存在问题，需要改进，针对教师的特点采用不同的帮助方式，如导师制、组织研讨会、带薪休假等。

现今我国高校对于教学评价后的培训工作较为薄弱，急需实现较大的突破。在培训内容上，可以以教育理念、教学方法和教育技术为重点，但需要细化，防止假大空。例如，可以以“发声与嗓子保护、具体教学课程知识、怎样抓住学生心理、课件制作”等为主题展开专题培训；在培训形式上，可以以“示范课、观摩课，进行教学竞赛、开展教学经验、教学方法研讨会”为主要形式。学校可以根据教师教学中存在的一些共有问题，请一些有经验的教师开展讲座或相应的培训，为教师们指点迷津；或者也可以找一些教学评价比较优秀的教师召开小型的经验交流会，和教师们分享一些教学经验；又或者开展一对一的帮扶等。总之，开展教学评价后的培训工作是必要的，但不能是为了培训而培训，培训一定要有针对性，要能切实地帮助教师解决教学中的问题，提高其教学质量。

二、端正奖惩性评价目的

要端正教学评价的奖惩性目的，最重要的一点是要摆正教学工作的位置，体现其应有的价值。

（一）改革分配制度，增强教学岗位的吸引力

目前高校教师得到的关于教学方面的报酬统称为“课时费”，顾名思义，就是以教学工作量为计算单位，最后的报酬只与课时相关，但是和教师的教学质量无关。而科研经费则和科研项目的级别有很大关系，教师往往持有一个普通级别的课题，其经费就相当于其一年课时费的总和，这也是目前高校教师重科研、轻教学现象的原因之一。要重视其他工作可能对教学产生的挤出效应。如果教学工

作和其他工作相比，所得收入过低，就会使教师把更多的精力投入其他工作中去，减少对教学的投入和关注，从而产生对教学的挤出效应。

解决这一问题的关键是改革大学分配制度，增强教学岗位和教学工作的吸引力，增加教学经费的投入，让教师能够安心教学工作，在教学中找到自身的价值，实现自我的超越。简单地说，就是提高教师的“课时费”，让教师认同自己在教学上的回报和其投入、付出呈正比；还可以将教师的报酬与教学质量挂钩，而不是简单的“计件”付酬。例如，设置浮动报酬，在一定基础上使报酬根据教学质量浮动，这样才能形成良性的竞争机制。

（二）细分岗位设置，发挥教师个人优势

通过调查结果得知，有1／3的教师希望今后将工作重点放在教学上，辅以一定的科研工作；而有1／5的教师希望以科研为主，辅以一定的教学工作；另有近1／3的教师希望今后的工作是教学科研并重；此外，分别有不到1／10的教师希望单纯地从事教学工作或科研工作。由此可以看出，如今社会对于教师的期望是教学科研的全才和双料高手，但这并不符合教师本人的意愿，也确实没有从“以人为本”的角度出发，从教师的实际情况考虑，进行岗位设置。大学不同于科研机构，大学不仅是做学问的地方，更是培养人才的地方，学校理应对教学工作引起足够的重视。综观教师队伍，其中有些教师教学能力强，教学效果好，而科研能力偏弱，但是迫于科研的压力，没办法将更多的精力投入教学中，结果科研成果不理想，连教学质量也受到了牵连。另外也有些教师科研能力很强，但教学能力较弱，学生普遍反映教学效果不好，但是迫于教学工作量的压力，仍然大量地给学生授课，这不仅引起学生的不满，教师自身也很苦恼，认为繁重的教学工作不仅影响了自己做科研的精力，而且连工作的成就感也降低了。

目前高校教师的岗位设置几乎都是教学科研并重岗，没有什么差异，对教师的考核也都是一个标准。通过调查总结得出，高校可以对教师的岗位设置进行细分。教学和科研是高校教师的两项重要的任务，并且这两项工作之间相互联系，相互促进。首先，高校不是纯粹的科研机构，除了科学研究，还要教书育人；其次，教学质量与教师的学术水平有很重要的联系，通过科研活动能够让教师不断更新自己的知识结构，提升认知水平，更好地促进教师的教学活动。因此，可以将高校教师的岗位主要划分为教学科研并重岗、以教学为主科研为辅岗、以科研

为主教学为辅岗三类。根据高校自身的定位，可以将这些岗位按照一定的比例进行设置，每种岗位的岗位要求和职责都不一样，在对教师进行考核时，也可以根据岗位的不同，设定不同的标准，有所倾向。这样做的好处是可以极大地发挥个人的能力优势，提高教师的工作效率和工作业绩。

（三）增加教学绩效的分量，实现教学绩效评价的价值

近年来，高等教育中教师过分注重科研而忽略教学的倾向逐渐凸显，在决定教师的提升和终身聘用方面，更多的仍然是强调研究方面的产出。本次调研的结论也证实了这一现象，有近 40%的教师认为教学绩效在自己所在的学校的职称评定中所占分量一般，另有近 1／3 的教师认为教学绩效在自己所在的学校的职称评定中所占的分量不大。通过访谈也了解到，如果教师的科研水平突出，即便教学水平一般，在个人晋升的问题上也有可能破格提拔。但如果教师只是教学水平非常突出，是不会在职称评定时有什么加分的。为了个人今后的职业发展，教师也会将更多的精力投入科研工作中。调查结论也显示，有一半以上的教师以科研投入为主就是因为科研业绩在个人的职业发展上起着非常重要的作用。要吸引教师把更多的时间投入教学，进一步提高教学质量，必须注意平衡教学与科研的关系，在教师晋升等有关过程中做到教学和科研并重，防止教师因过分重视科研而对其教学工作产生挤出效应。要体现教学评价的价值，就要让教师感受到，如果教学质量好，教学评价高，一样对自己的职业生涯有所帮助。例如，浙江大学设立了教学最高岗位“求是特聘教学岗”。

此外，可以按照前文建议，根据不同的岗位设置，制定不同的考核标准。例如，若是以教学为主科研为辅的岗位，在职称评定时，教学绩效的分量应该更重一些，适当减轻科研成果量；若是以科研为主教学为辅的岗位，在职称评定时，应更看重科研绩效，而教学方面的分量可以适当减少。这样做能够让教师更加明确自己的努力方向，也会让教学、科研在职称评定中所占的比重更加科学、合理，使考核结果的使用更加公平。

参 考 文 献

[1] 王斌华．发展性教师评价制度［M］．上海：华东师范大学出版社，1998．
[2] 吴金辉．教师专业发展的理论与实践[M]．北京：北京广播学院出版社，2006．
[3] 赵曙明．绩效管理与评估［M］．北京：高等教育出版社，2004．
[4] 张福成，党秀云．公共管理学［M］．北京：中国人民大学出版社，2007．
[5] 陈玉琨．教育评价学［M］．北京：人民教育出版社，1999．
[6] 金美福．教师自主发展论［D］．上海：华东师范大学，2004．
[7] 李文长，朱国仁，等．高等教育科学发展研究［M］．北京：光明日报出版社，2000．
[8] 刘洪．薪酬管理［M］．北京：北京师范大学出版社，2007．
[9] 伯顿·克拉克．高等教育系统［[M]．王承绪，译．杭州：杭州大学出版社，1994．
[10] 约翰·布鲁贝克．高等教育哲学［M］．王承绪，译．杭州：浙江教育出版社，1987．
[11] 陈昌贵．国际合作：高等学校的第四种职能［J］．高等教育研究，1998（5）．
[12] 陈纪芹．德国教授的聘任制度［J］．天津市教科院学报，2008（4）．
[13] 陈丽桦，陈洪涛．日本高校师资管理机制探析［J］．世界教育信息,2007（4）．
[14] 陈振华．教师自主发展：当下的意义、途径与条件［J］．陕西师范大学继续教育学报，2000（6）．
[15] 戴者华，师淑云．加拿大高校教师绩效评估和激励制度简介［J］．南通大学学报（教育科学版），2007（3）．
[16] 范谊．新加坡教师晋升制度评介［J］．比较教育研究，1995（2）．
[17] 方永美．高校教师绩效的二元模糊综合评价［J］．技术经济与管理研究，2006（4）．
[18] 冯会利．高校绩效评价管理［J］．中外企业家，2006（7）．

[19] 高桂娟. 高校教师绩效评价要关照高校教师的特殊性 [J]. 国家教育行政学院学报，2006（10）.

[20] 郭琴. 浅析高校教师绩效考核指标体系的设计与研究 [J]. 中国水运（理论版），2007(3).

[21] 桂华. 我国高校教师绩效评价存在的问题及对策研究 [D]. 合肥：安徽大学，2011.

[22] 段艳丽. 我国高校教师绩效评价体系研究 [D]. 湘潭：湘潭大学，2011.

[23] 张宏. 高校教师绩效评价问题研究 [D]. 青岛：山东科技大学，2011.

[24] 郑艳. 高校教师绩效考核评价体系研究 [D]. 大连：大连海事大学，2011.

[25] 覃海冰. 高校教师绩效评价研究 [D]. 桂林：广西师范大学，2011.

[26] 邓博. 高校教师绩效评价体系的和谐性研究 [D]. 镇江：江苏大学，2010.

[27] 王敏. 我国高校教师绩效评价的问题及对策研究 [D]. 兰州：兰州大学，2010.

[28] 尹明忠. 中国高校教师评价的问题与对策 [D]. 武汉：华中科技大学，2009.

[29] 林志远. 高校教师绩效评价体系研究 [D]. 合肥：合肥工业大学，2009.

[30] 陈桂鹏. 我国高校辅导员绩效管理研究 [D]. 武汉：华中师范大学，2009.